Vêtements en lin et

La couture nature

Kyoko SAKAUCHI

Sommaire

P7-----12
Robes et Manteau

P13-----20
Chemisiers

P21 ----- 26

Pantalons et jupes

P27 ----- 32

Tenues d'intérieur

Explications

Préface

J'apprécie beaucoup le lin et le coton.

J'aime leur contact sur ma peau mais aussi le fait de les sentir s'adoucir lavage après lavage.
Ces matières sont solides et plaisantes à porter car, fraîches en été et chaudes en hiver.

J'ai envie d'en porter toute l'année, aussi, ma garde-robe en lin grandit petit à petit.

Styliste de formation, j'ai particulièrement veillé à ce que ces vêtements soient faciles à réaliser et agréables à porter. En effet, vous n'éprouverez aucun plaisir si leur confection présente trop de difficultés, par contre, s'ils sont confortables vous aurez envie de les porter tous les jours...

J'ai conçu ce livre en espérant que vous serez nombreuses, et de tous âges, à porter ces vêtements mais en souhaitant aussi que ce soit pour longtemps !

Fruits de nombreux essais mais aussi de quelques échecs, je serai ravie qu'ils puissent rejoindre votre garde-robe !

Kyoko SAKAUCHI

Avant la coupe
Le lin et le coton ayant tendance à rétrécir au lavage, il faut les rincer à l'eau claire avant la coupe.
Plier le tissu en accordéon (faire des panneaux de 20 cm de large). Ce pliage augmentera la surface du tissu en contact avec l'eau. Faire tremper le tissu dans le tambour de la machine à laver. Après une nuit de trempage, faire un lavage sans produit détergeant. Après l'essorage, prendre soin d'étirer le tissu pour le faire sécher d'aplomb (aussi, utiliser un séchoir à linge est déconseillé). Repasser sur l'envers du tissu au fer très chaud alors qu'il est encore humide. Repasser perpendiculairement au droit fil. Le repassage en diagonale risque de déformer le tissu.

Lavage quotidien
Pour éviter que le tissu ne se déforme, mettre le vêtement dans un filet pour le laver. Utiliser un produit de lavage sans javel ni produit blanchissant, vous lui garderez, ainsi, plus longtemps sa couleur naturelle.

Repassage
Le mieux est de repasser au fer très chaud sur l'envers du tissu encore humide. Avant de repasser sur l'endroit, faire systématiquement un essai dans un coin peu visible. Vérifier ainsi que le repassage ne donne pas de la brillance au tissu. Il est difficile d'enlever un pli sur tissu déjà sec. Si besoin, mouiller abondamment le tissu avec un pulvérisateur avant le repassage.

P7-----12

Robes et Manteaux

Robe froncée

La partie froncée de la robe est glissée entre l'empiècement et sa doublure. Choisir un lin souple pour réussir de jolies fronces.

Explications page 35

Robe portefeuille

Passer la ceinture par l'ouverture qui se trouve sur le côté, au niveau de la taille. La serrer plus ou moins fait varier la façon de porter cette robe. De plus, selon le tissu choisi, l'effet rendu peut être totalement différent.

Explications page 42

Robes d'été ornées de plis

Les robes sont faites en lin chambray. Elles sont fraîches et indispensables pour un été chaud. Fixées très haut dans le dos, les bretelles ne bougeront pas... Vous serez à l'aise toute la journée !

Explications page 46

Robe à boutons

Le style est classique, mais les pinces aux épaules et la couture entre la jupe et l'empiècement donnent du caractère à cette robe. Pour la rendre plus habillée, vous pourrez utiliser un tissu en pur lin naturel ou à chevrons.

Explications page 44

Manteau

Vous réaliserez ce manteau aussi facilement qu'un chemisier car il n'est pas doublé. Choisissez un tissu en coton épais et lourd pour accentuer son tombé.

Explications page 48

Deux beaux sacs

Ces sacs ont un côté rustique qui fait leur charme. Le sac en bandoulière est un peu plus grand. Choisissez un tissu imprimé pour la doublure, à rayures par exemple.

Explication page 56

P13-----20

Chemisiers

Chemisier à rayures

Dans ce modèle, le col et le pied de col sont coupés en seul morceau, aussi, vous pourrez le réaliser très facilement. Un col de petite taille, un tissu à rayures...et ce chemisier à col rond perd son air enfantin...

Explications page 38

Chemisier blanc

Les manches larges et l'encolure ample donnent à ce chemisier un air décontracté. Le col est glissé entre le tissu et la parementure pour en faciliter la réalisation.

Explications page 50

Gilet

Confortable à porter, le dos court et la poche passepoilée de ce gilet en font son originalité. Sa doublure, faite sur le même patron que le gilet, est en coton souple.

Explications page 51

Blouse à coulisse

L'encolure et les manches sont élastiquées. Le ruban permet de régler l'encolure à votre goût. Les fronces donnent de l'ampleur à la taille, et de là, une impression de légèreté à l'ensemble.

Explications page 52

Vareuse kaki

Cette vareuse est faite à partir du patron de la robe de la page 8 en modifiant la longueur des manches et de la robe. Comme elle est faite en voile, elle est très agréable à porter.

Explications page 53

Robe et chemisier à plastron

Le plastron et l'arrière des poignets sont froncés et une note de fraîcheur est ajoutée grâce au col-officier. Vous pourrez vous amuser à combiner différents tissus. Raccourcissez la robe et vous la transformez en chemisier !

Explications page 54

Blouse col tunisien

La simplicité de cette blouse, à l'allure proche de celle d'une tunique, permet de nombreuses variations (couleur, longueur des manches…). Pourquoi ne pas la superposer sur un autre vêtement ?

Explications page 55

Robe froncée de la page 8
+
Robe portefeuille de la page 9

Apres les avoir les superposées, j'ai noué par derrière la ceinture de la robe-portefeuille. Elle est ainsi transformée en un gilet long avec un dos original.

Manteau de la page 12

Porté avec une large ceinture, il se transforme en une robe structurée. Des accessoires colorés et assortis comme une ceinture, des collants, ou autres, le mettront en valeur.

Amusez vous à les combiner ①

P21-----26
Pantalon et Jupes

Jupe froncée

Le patron est en forme de trapèze et sa taille est élastiquée. J'ai profité de la couture de côté pour prévoir une poche. Afin que les fronces soient belles, ne choisissez pas un tissu trop épais.

Explications page 57

Jupe portefeuille écossaise

Cette jupe porte feuille n'a pas de ceinture. Son dos élastiqué la rend confortable à porter. Vous pourrez vous amuser en la portant sur le pantalon ou les pettipants.

Explications page 58

Echarpe

Il est agréable d'avoir plusieurs écharpes. Choisissez vos couleurs préférées et selon l'épaisseur du tissu, les dimensions de votre futur accessoire.

Explications page 59

Pantalon large

Ce pantalon ample sied aux personnes de toutes tailles. J'en ai particulièrement soigné la silhouette. Confectionnez-le en variant les couleurs et vous le porterez en de nombreuses occasions.

Explications page 62

Salopette

La bavette large et le pantalon ample lui donnent une touche féminine. Vous roulerez le bas du pantalon ou le couperez à hauteur de cheville et lui donnerez ainsi une allure mutine.

Explications page 60

Pettipants et jupon

Chauds l'hiver et absorbant la sueur l'été, le lin et le coton sont des matières idéales pour ces sous-vêtements, en contact direct avec la peau. Selon les tissus dans lesquels vous les confectionnerez, vous pourrez les utiliser pour les combiner avec d'autres vêtements. Pour faire un ensemble mère-fille, j'ai crée aussi des pettipants en petite taille.

Explications pages 63 *et* 64

Débardeur et caleçon ample

L'ensemble est fait en tissu imprimé et coloré. Grâce aux fronces à la poitrine, le débardeur est assez ample. Il est ainsi très agréable à porter.

Explications page 65

Chaussons

Ces chaussons sont faits pour vos pieds ! La doublure est coupée dans le même tissu que le débardeur et le caleçon. L'antidérapant est ajouté par sécurité.

Explications page 66

Nuisette simple et nuisette cache-cœur

Portez ces nuisettes toute l'année ou bien osez la batiste de lawn et transformez la forme cache cœur en fond de robe... Choisissez un tissu plus épais, la nuisette simple devient alors un vêtement à part entière.

Explications page 68

Pyjama

La simplicité de ce pyjama va offrir à votre corps tout le confort du lin. Son ampleur vous assurera un sommeil relaxant.

Explications page 70

Blouse col tunisien de la page 19
+
Jupon de la page 28

Superposition de la blouse col tunisien et d'un pull à col roulé. Portez-la sur un pantalon et un jupon avec une petite touche de rouge pour relever la tonalité unie de l'ensemble.

Chemisier à plastron page 18
+
Gilet page 15
+
Caleçon ample page 29

Rayures et imprimé, la combinaison est très osée mais le gilet équilibre l'ensemble. Vous devez être experte pour réussir ce genre de coordonnés !

Amusez vous à les combiner ③

P33 ----- 71

Explications

La réalisation

Quelle taille choisir ?

Les modèles sont faits soit en deux tailles (M et L) soit en une taille unique (M-L). L'ampleur varie selon des modèles, aussi, choisissez la taille en consultant le tableau des mesures des vêtements terminés.

	Tour de poitrine	tour de taille	tour de bassin	stature
M	83	64	91	160
L	87	68	95	163

Le cahier technique et l'encart

Recopier les pièces du patron sur le papier de soie pour patron (dans l'encart). Une pièce peut être commune à plusieurs modèles (en l'utilisant partiellement ou en modifiant la longueur, par exemple). En consultant les explications, le cahier technique ou les indications sur l'encart, recopier les pièces de patron nécessaires. Avant le transfert, surligner préalablement les pièces dans l'encart. Ne pas oublier de marquer le droit fil, les repères, les plis, etc.
Le patron est dessiné sans coutures. Couper le tissu en ajoutant la marge de couture. Pour cela, suivre le plan de coupe des explications du cahier technique. Si une pièce du patron n'existe pas dans l'encart, la dessiner soi-même. L'encart comporte la face A et la face B. Pour chaque modèle, il est précisé la face sur laquelle se trouve son patron et son numéro.
Exemple : **A 1 = Patron face A Modèle n°1**

Explication des différents symboles sur les patrons

repère — vérifier que les repères coïncident bien

droit fil — parallèle à la lisière

repère "bord à bord" — faire coïncider les deux moitiés de cercle

bouton — coudre un bouton à cet emplacement

boutonnière — emplacement de la boutonnière

pince — coudre ensemble les deux côtés du triangle

fronces — partie foncée

Conseils de couture

→ Piquer en utilisant le gabarit de la machine à coudre

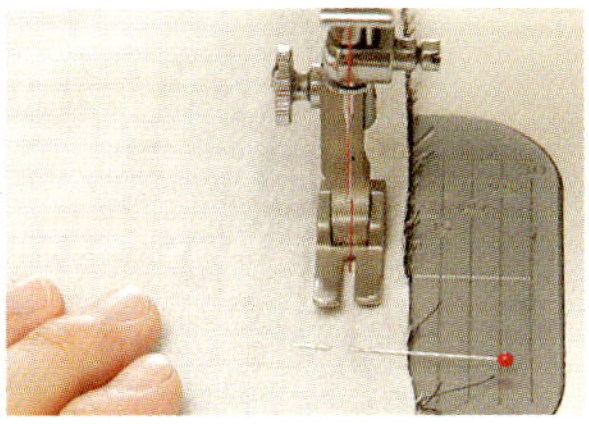

Piquer en faisant coïncider la ligne du gabarit de la machine qui correspond à la marge de couture et le bord du tissu. Ainsi, vous pourrez coudre facilement même si la ligne de couture n'est pas tracée. Si la machine à coudre n'a pas de gabarit, coller une bande d'adhésif sur la plaque de la machine. Sur cette bande, tracer la ligne qui correspond à la marge de couture en mesurant la distance à partir de l'aiguille.

→ Cranter les repères.

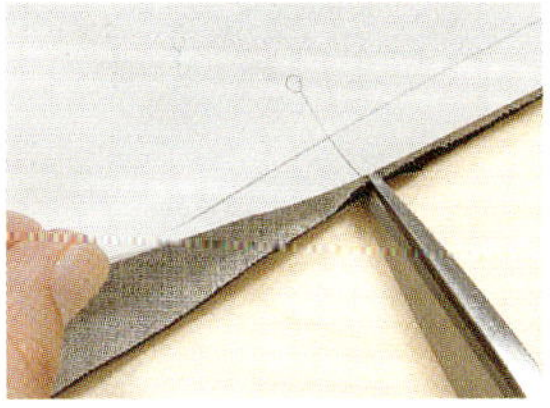

Cranter environ 2 mm dans la couture pour marquer les repères. Ils seront ainsi visibles des deux côtés et ne s'effaceront pas.

→ Epingler

Disposer les tissus en faisant coïncider les repères. Placer les épingles perpendiculairement à la ligne de couture. Piquer les deux tissus. Pour une couture longue ou courbe, augmenter le nombre d'épingles (ce qui permettra éventuellement de piquer sans faufiler).

→ Biseauter la craie avant de l'utiliser.

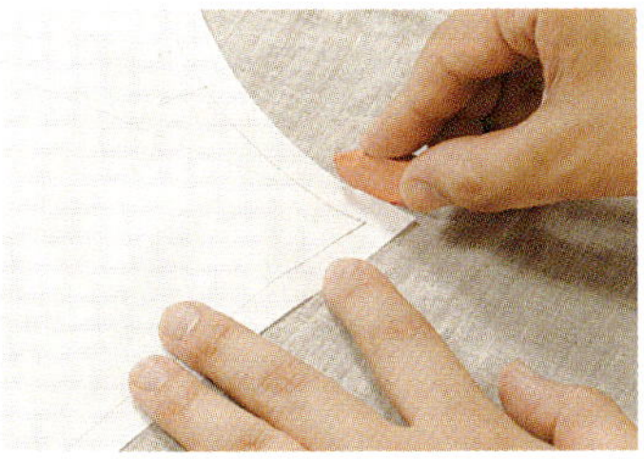

Biseauter soigneusement la craie avant de marquer les repères. Marquer le contour par un trait fin en tenant la craie perpendiculairement au tissu.

→ Finition des coutures

Terminer en surfilant à la machine à coudre ou à surfiler. Voir dans les explications de quel côté doit être rabattue la couture.

→ Comment couper la toile thermocollante.

Couper grossièrement la toile collante, un peu plus grande que le tissu. Pour faciliter le travail, coller d'abord la toile puis couper, ensemble, les deux épaisseurs.

→ Pliage en trois

Pour le réaliser, plier en respectant la largeur indiquée et repasser pour bien marquer le pli. "Plier en trois "A cm / B cm" et piquer" signifie : "replier A cm, repasser, puis replier B cm, repasser. Piquer ensuite au bord". (Voir schéma à droite)

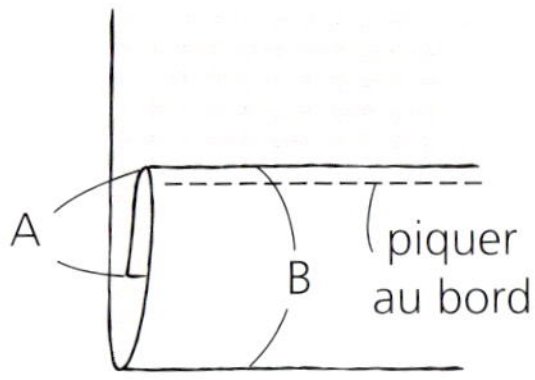

→ Comment suivre les explications pour l'ensemble des modèles : voir page 43

La robe froncée

Modèle de la page 8 /taille M et L / ***Encart (face A 1)***

	M	L
Tour de poitrine	120	124
Carrure	38	39,5
Longueur de manche	16	16,5
Longueur de robe	106	108

Plan de coupe

La marge de couture est de 1 cm si elle n'est pas indiquée.

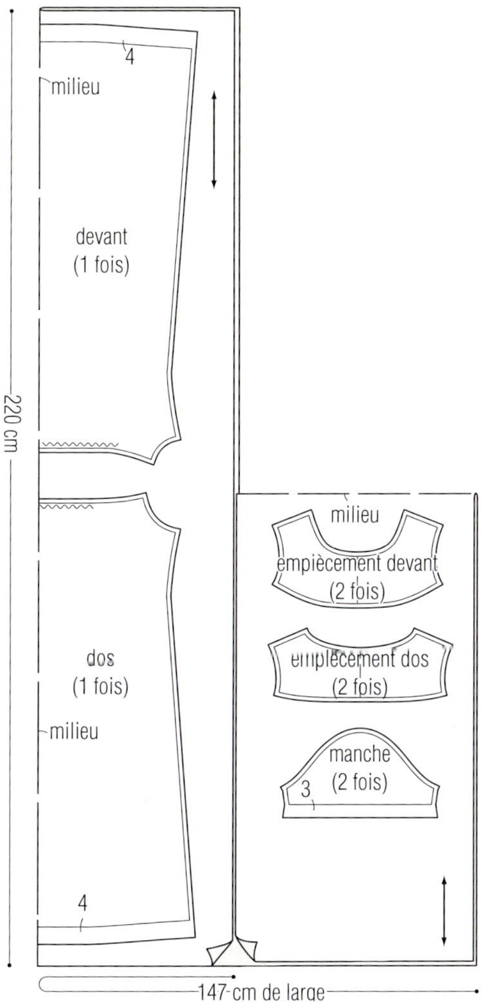

Les pièces du patron

devant, dos, empiècement devant, empiècement dos, manche

Les fournitures

220 x 147 cm de lin beige
30 x 90 cm de toile thermocollante (fine)
Fil en polyester pour machine à coudre N° 60
Sur chaque photo d'étape, le fil utilisé est de couleur différente afin d'en faciliter le repérage.

Divers conseils pour réaliser cette robe

➜ Le lin ayant tendance à rétrécir au lavage, il faut le laver à l'eau avant la coupe. (Voir page 6)
➜ Les coutures du dos et du devant et de l'empiècement seront à l'intérieur (entre l'empiècement et sa doublure) et ainsi complètement invisibles.

1. Coupe

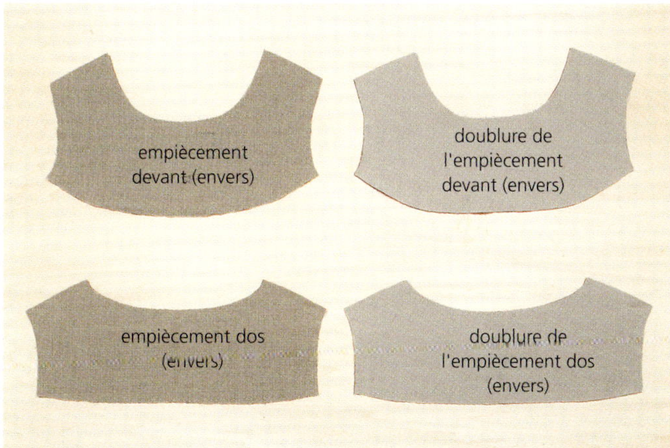

A l'aide du plan de coupe, placer, sur le tissu, les pièces du patron. Couper. Fixer la toile thermocollante sur la doublure avant de couper. Ne pas oublier de marquer les repères.

2. Montage de l'empiècement

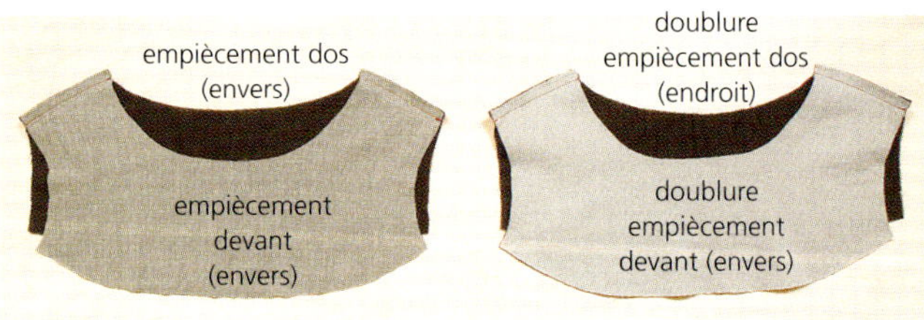

1. Piquer, endroit contre endroit, les coutures d'épaule des empiècements devant et dos. Piquer de la même manière les coutures des doublures.

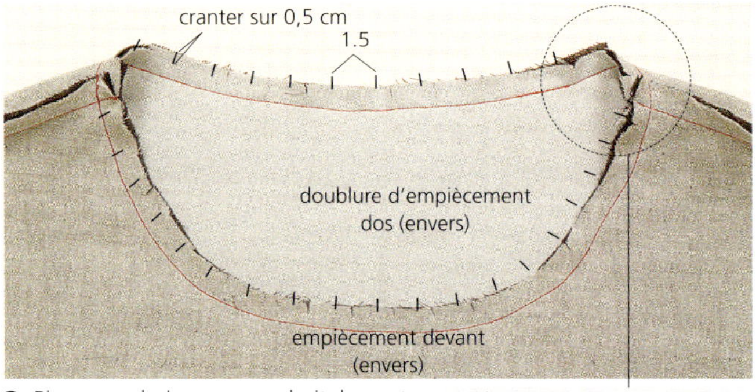

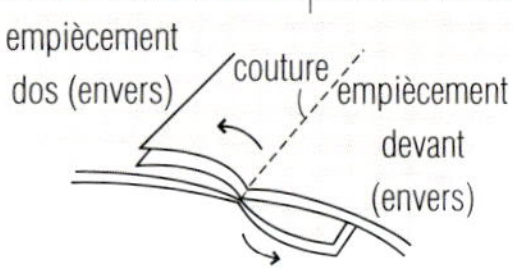

2. Piquer, endroit contre endroit, la couture de l'encolure de l'empiècement et de la doublure. Rabattre les tissus de chaque côté de la couture (voir schéma). Cranter la couture de l'encolure tous les 1,5 cm et sur 0,5 cm de profondeur.

3. Assemblage de l'empiècement et de la robe.

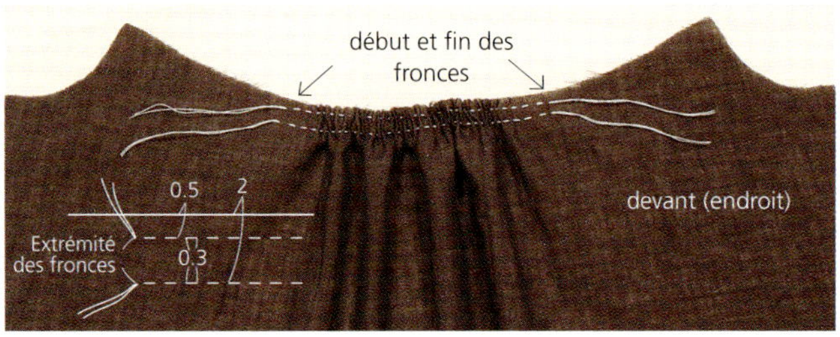

1. Faire des points-avant tous les 0,3 cm entre les deux extrémités des fronces. Froncer en tirant soigneusement le fil. Faire de même pour le dos.

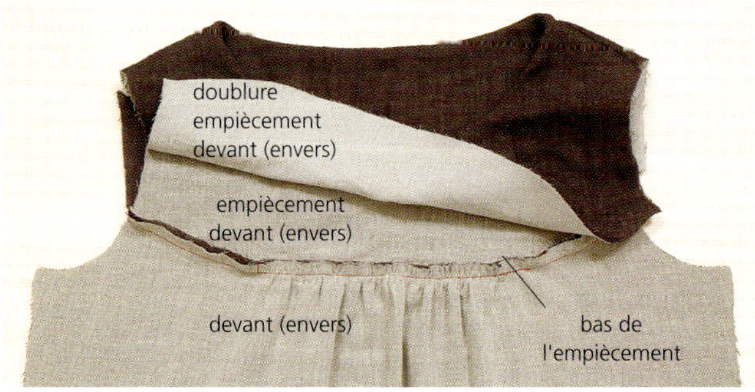

2. Poser, endroit contre endroit, l'empiècement devant sur le devant de la robe. Piquer la couture au bas de l'empiècement.

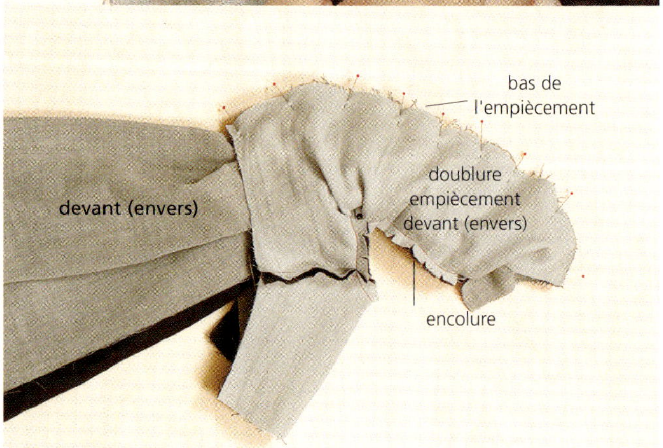

3. Poser l'envers du devant sur l'endroit de la doublure de l'empiècement devant. Epingler les trois épaisseurs ensemble (photo du haut). Pour que la couture finale soit à l'intérieur de la robe, épingler en sortant, au fur et à mesure, le tissu par l'emmanchure. Piquer le bas de l'empiècement.

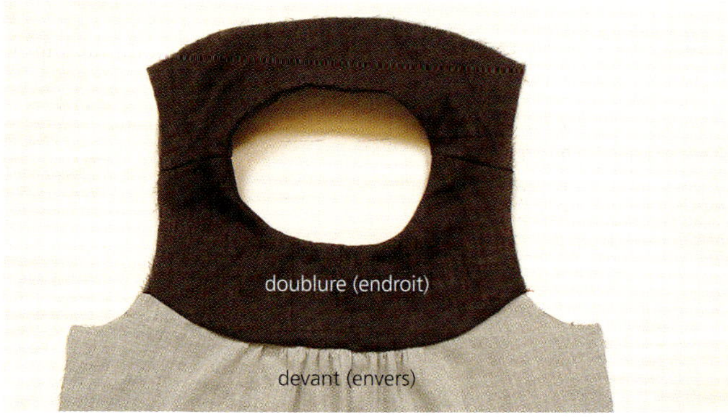

4. Retourner l'empiècement sur l'endroit.

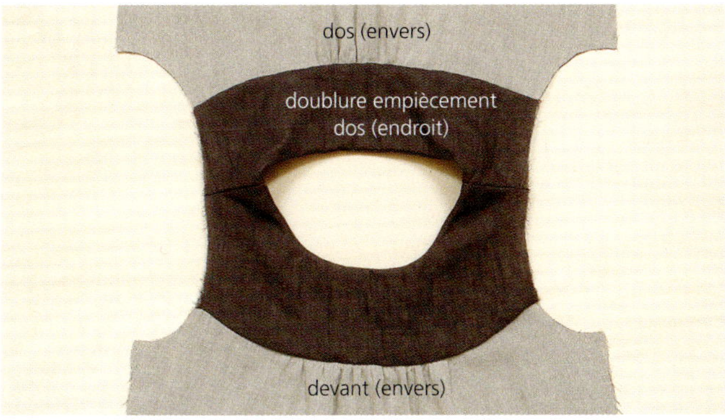

5. Assembler le dos de la même manière.

4. Montage des manches

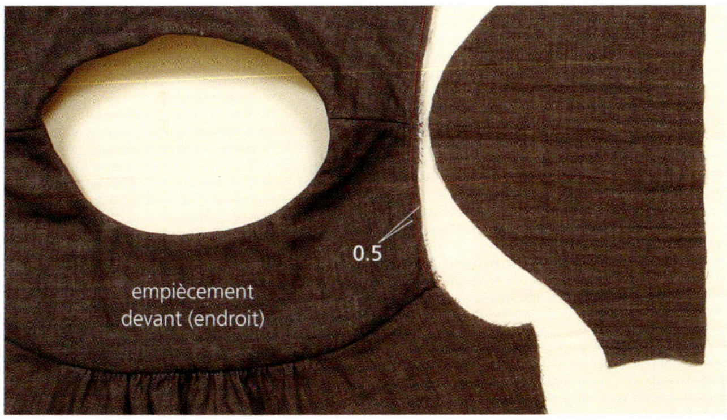

1. Faufiler ensemble l'empiècement et la doublure le long de l'emmanchure.

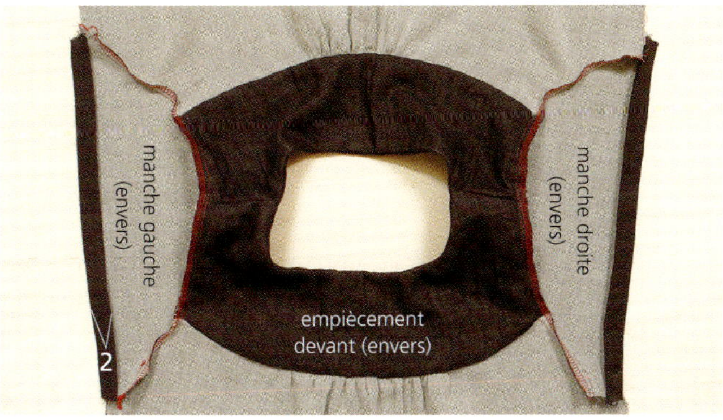

2. Plier en trois le bas de la manche (voir schéma). Assembler, endroit contre endroit, la robe et les manches. Faire attention de ne pas inverser la manche gauche et la manche droite. Surfiler ensemble les deux coutures. Rabattre sur la manche.

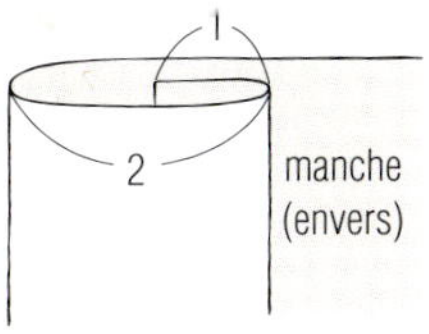

3. Assembler la manche et le côté de la robe. Surfiler ensemble les deux coutures. Rabattre sur le dos.

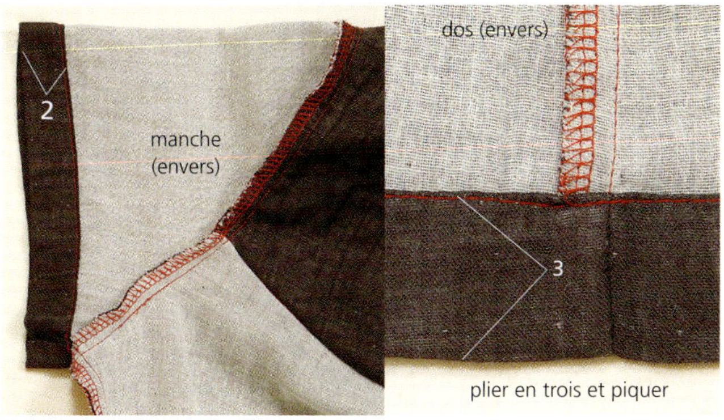

4. Piquer l'ourlet de la manche. Plier l'ourlet en trois "1 cm / 3 cm". Piquer au bord du pli.

LA ROBE EST TERMINÉE.

Le chemisier à rayures

Modèle de la page 14 / tailles M et L / ***Encart (face A 2)***

	M	L
Tour de poitrine	98	102
Carrure	36	37.5
Longueur de manche	41	41.8
Longueur de robe	61	62.5

Les pièces du patron

devant, dos, col, doublure du col, manche, poignet, poche

Les fournitures

150 x 150 cm de lin à rayures
90 x 65 cm de toile thermocollante (fine)
7 boutons de 1,5 cm de diamètre
Fil à coudre polyester pour machine à coudre N° 60
Sans oublier : fil à faufiler, carton, outils comme poinçon et aiguilles à coudre, etc.
Sur chaque photo d'étape, le fil utilisé est de couleur différente afin d'en faciliter le repérage.

Divers conseils pour réaliser ce chemisier

➜ Le lin ayant tendance à rétrécir au lavage, il faut le laver à l'eau avant la coupe. (Voir page 6)
➜ Le col et le pied de col sont coupés en un seul morceau, ce qui en facilite la réalisation.
➜ Les poignets sont composés d'une seule bande de tissu assemblée à la manche sans ouverture sur celle-ci.

Plan de coupe

La valeur de couture est de 1 cm si elle n'est pas indiquée.

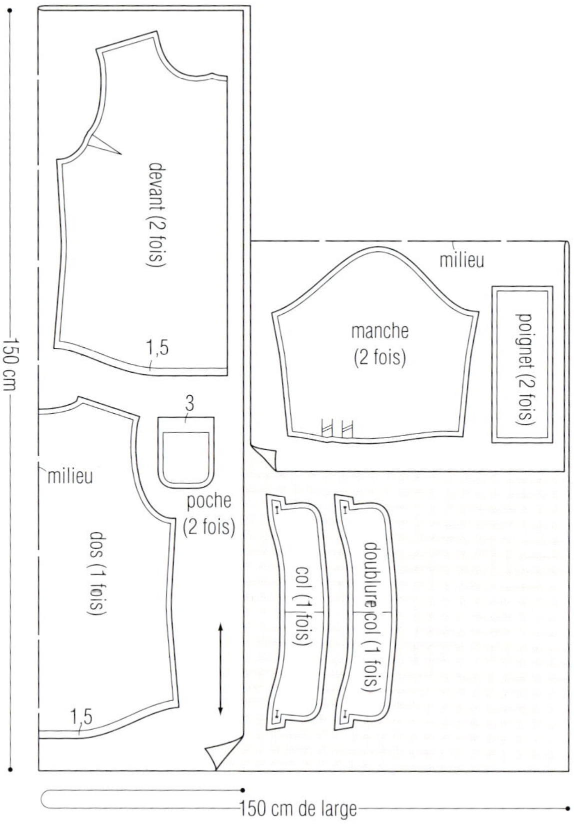

1 Coupe

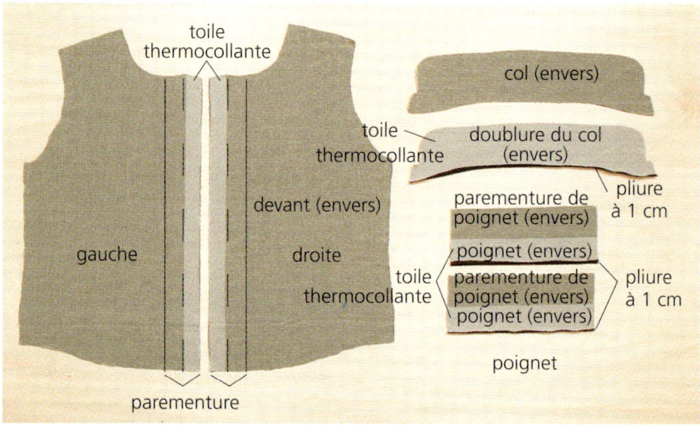

En suivant le plan de coupe, poser les pièces du patron sur le tissu. Couper. Fixer la toile thermocollante sur l'envers de la moitié de la parementure du devant du chemisier. Faire de même sur l'envers du poignet.
Il est conseillé de couper grossièrement la toile thermocollante un peu plus grande que le patron puis, la coller et couper ensemble, les deux épaisseurs. Plier sur 1 cm le bord inférieur du col et des poignets. Repasser.

2 Plis et pinces

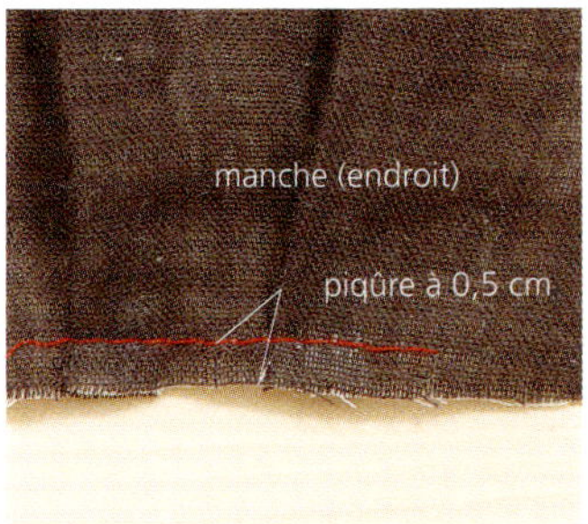

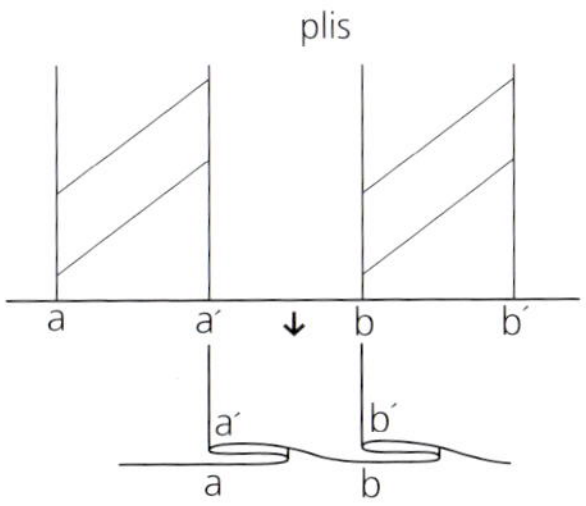

1. Replier le tissu pour former les plis de la manche. Repasser. Piquer dans la marge couture pour les maintenir.

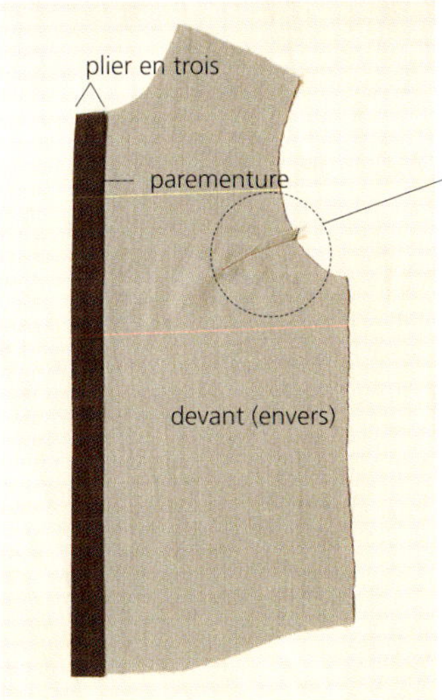

2. Piquer les pinces du devant. Les rabattre vers le haut. Plier en trois 3 cm / 3 cm la parementure du devant du chemisier sans oublier de repasser.

3 Réalisation des poches

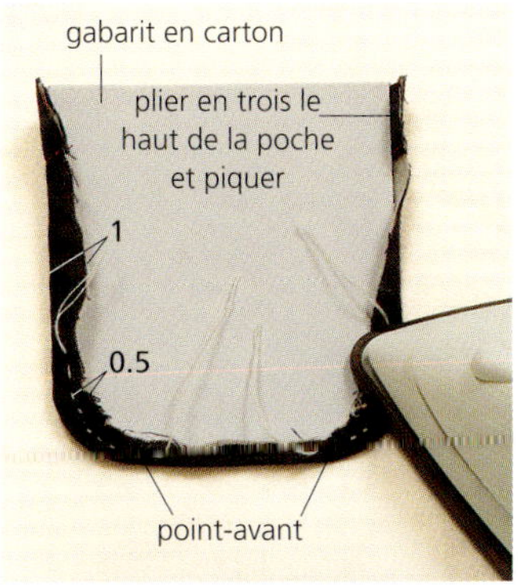

1. Plier en trois 1 cm / 2 cm le haut de chaque poche. Piquer le bord.
2. Faire quelques points-avant à 0,5 cm de la couture sur la partie arrondie des poches. Faire un gabarit de la poche en carton. Poser le gabarit sur l'envers de la poche. Tirer légèrement sur le fil pour former l'arrondi. Rabattre la couture en repassant.

3. Epingler les poches sur le devant. Piquer.

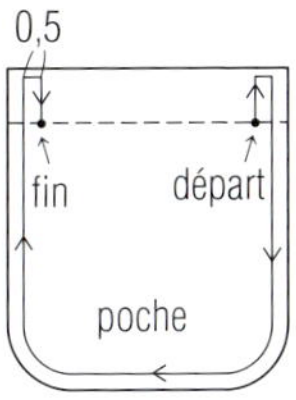

4 Montage du col

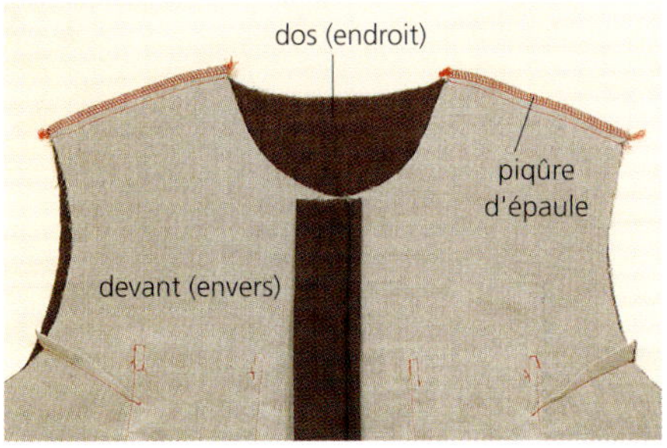

1. Piquer, endroit contre endroit, les coutures d'épaule. Surfiler ensemble les deux coutures. Rabattre sur le dos.

2. Poser, endroit contre endroit, le col sur la doublure. Plier à 1cm de la doublure et coudre le pourtour. Couper la couture à 0,5 cm.

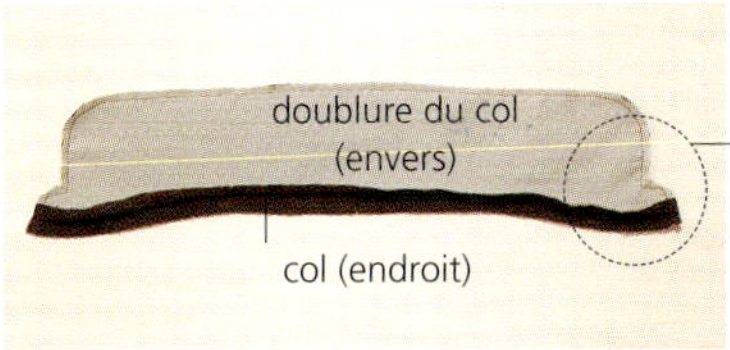

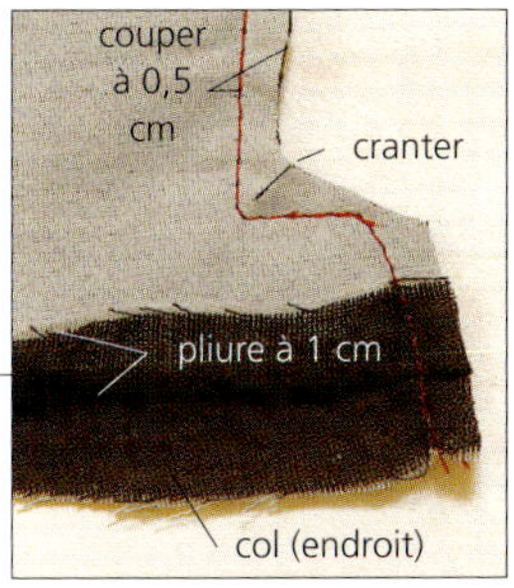

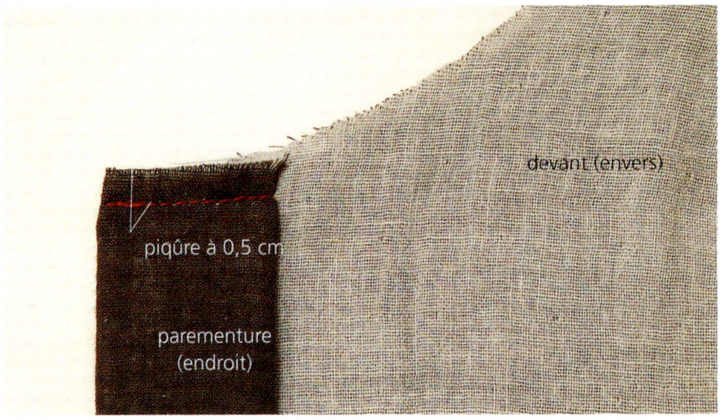

3. Piquer le haut de la parementure afin d'en maintenir le pliage.

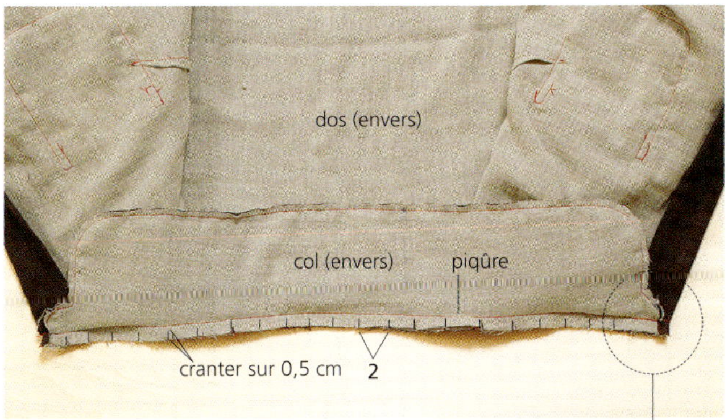

4. Poser le col sur l'envers de la chemise. Sans prendre la doublure, piquer ensemble l'encolure de la chemise et le col. Simultanément, replier les deux extrémités de la couture de 0,5 cm du col vers l'intérieur. Cranter la couture d'encolure sur 0,5 cm tous les 2 cm environ.

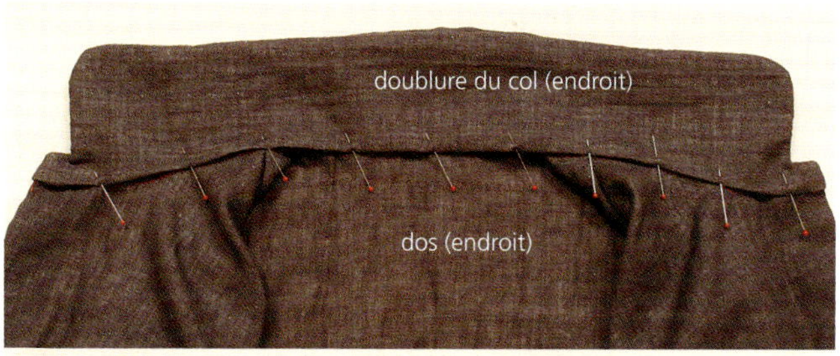

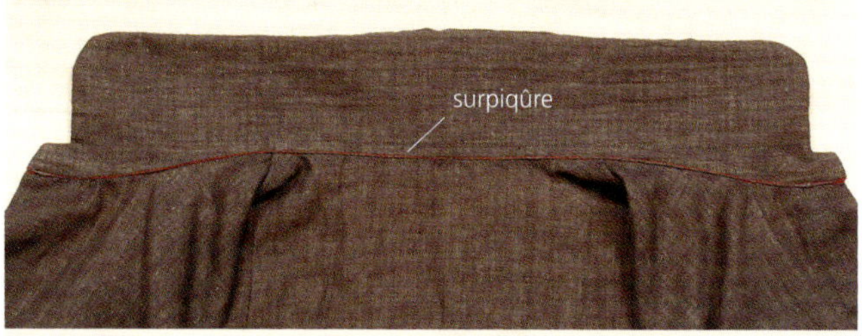

le chemisier vu de l'envers

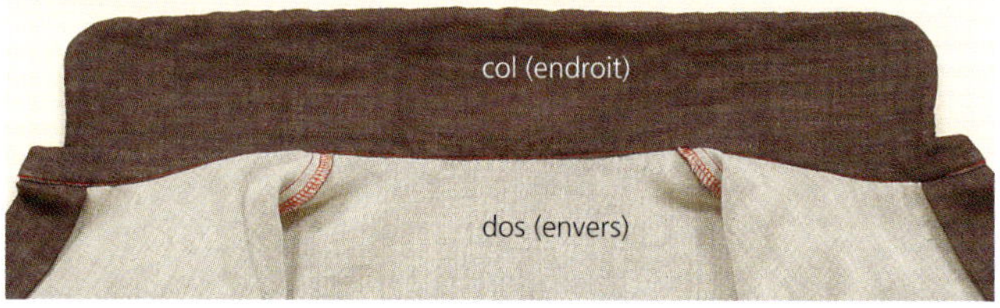

5. Retourner le col. Replier la couture de la doublure du col en suivant la couture de l'encolure. (étape 4).

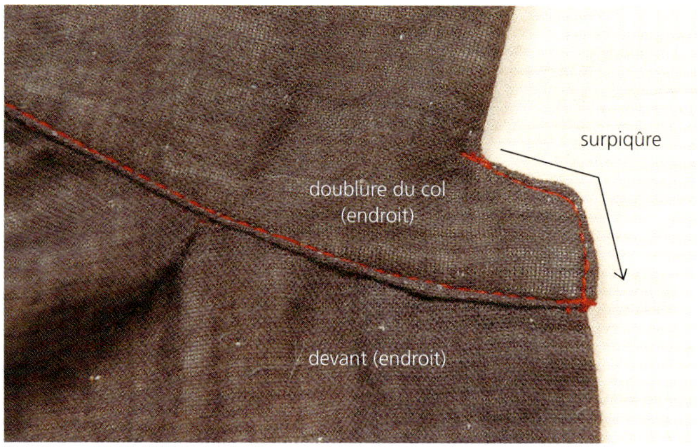

6. Piquer les deux extrémités du pied de col.

5 Montage des manches

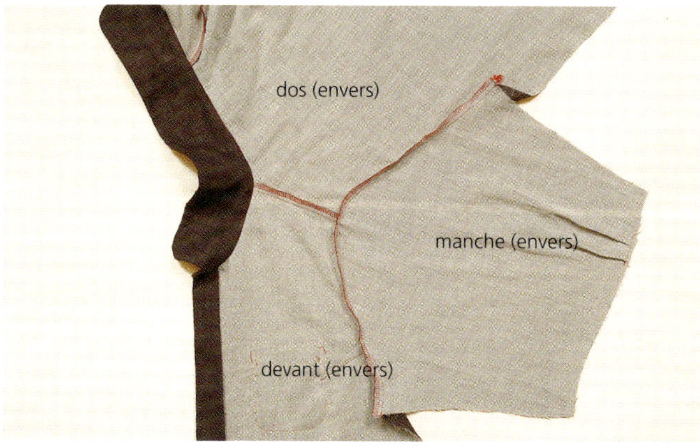

1. Assembler endroit contre endroit les manches et le chemisier. Surfiler ensemble les deux coutures. Rabattre sur la manche.

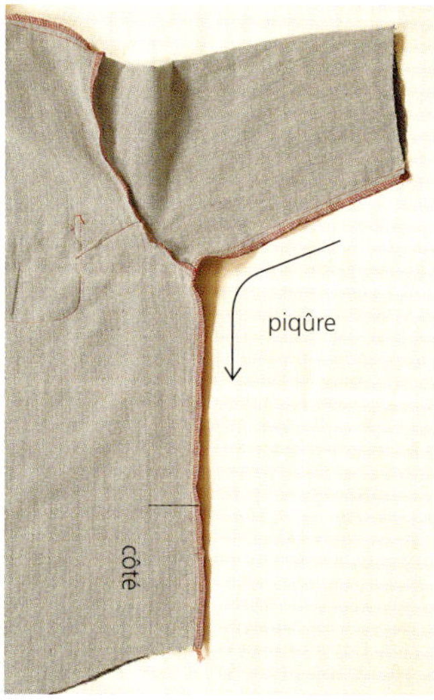

2. Piquer la couture de la manche et poursuivre par celle du côté. Surfiler ensemble les deux coutures. Rabattre sur le dos.

3. Piquer la couture du poignet. Ouvrir la couture. Plier le bord de poignet sur 1 cm.

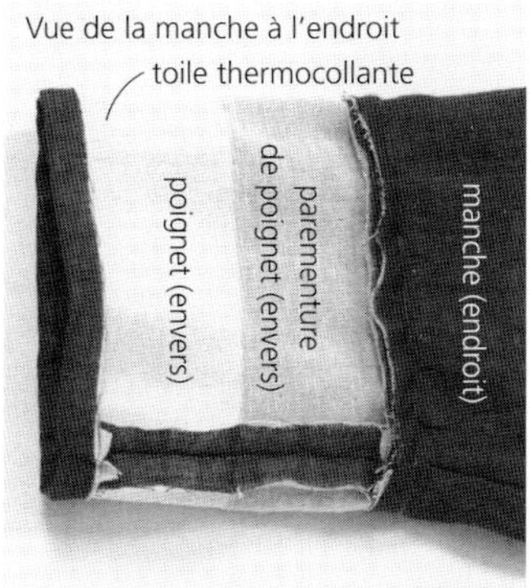

4. Glisser la manche à l'intérieur du poignet. Piquer ensemble la manche et la parementure du poignet (voir schéma). Retourner la manche sur l'endroit.

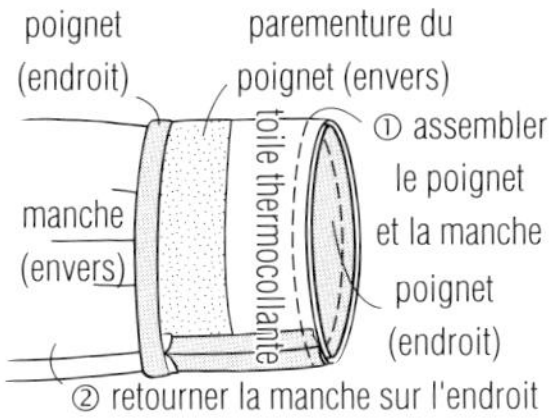

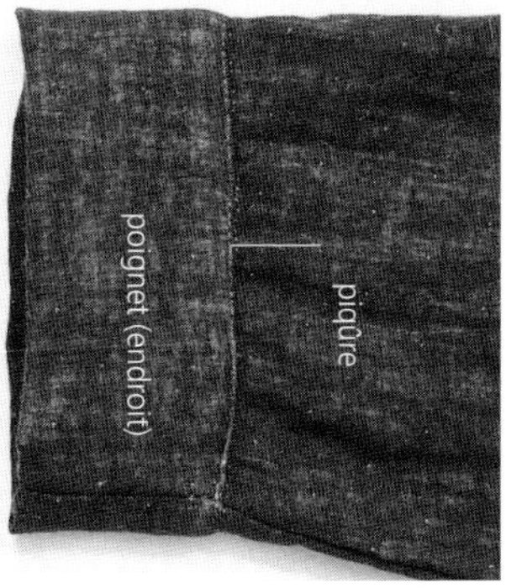

5. Plier en deux le poignet. Epingler en faisant coïncider le pli et la couture de l'étape 4. Piquer au bord du pli.

6 L'ourlet

1. Plier la parementure sur l'endroit du devant. Piquer à 1,5 cm du bord. Couper pour ne laisser que la moitié de la couture.

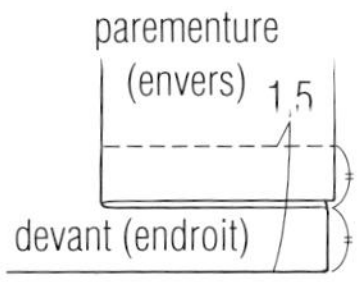

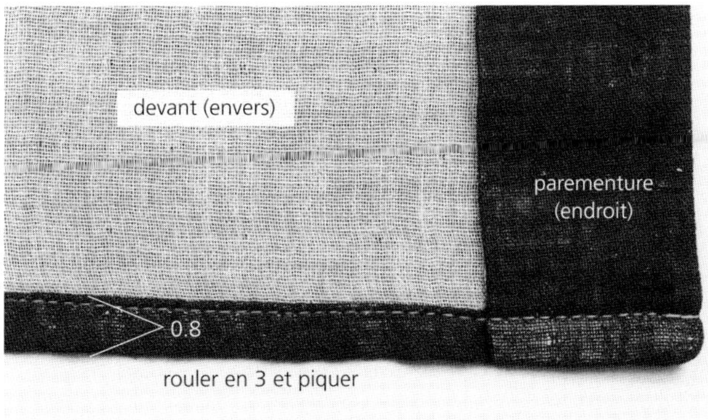

2. Plier en trois et piquer. Retourner la parementure sur l'envers du chemisier. Plier le bas du chemisier en trois 0,7 cm / 0,8 cm et piquer.

7 Boutonnières et boutons

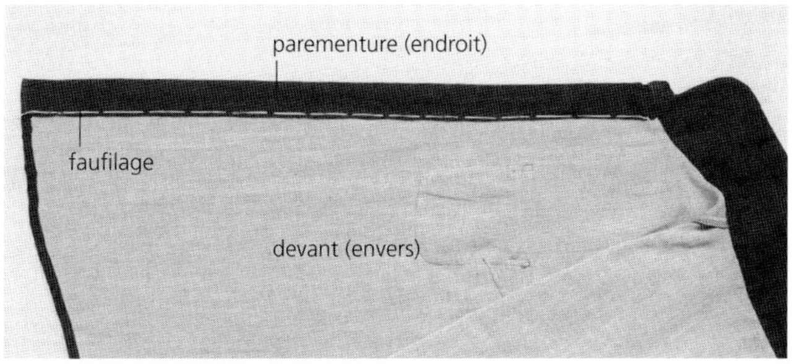

1. Faufiler la parementure.

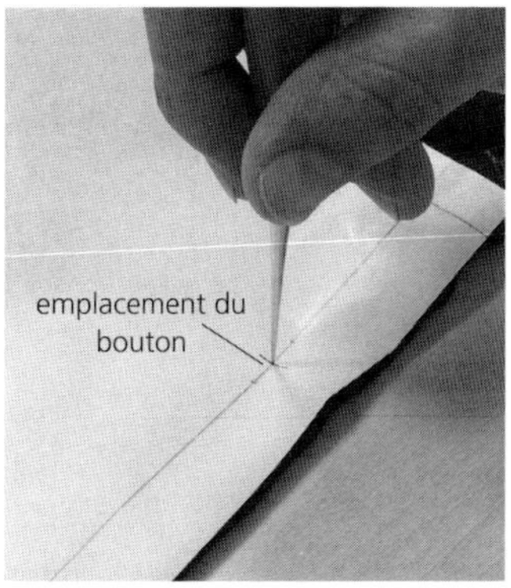

2. Poser le patron sur le devant et marquer l'emplacement des boutons avec un poinçon.

3. Faire les boutonnières sur le devant droit et coudre des boutons sur le devant gauche. Enlever le faufil.

LE CHEMISIER EST TERMINÉ.

La robe portefeuille

Modèle de la page 9 / taille unique (M-L) / ***Encart (face A 3)***

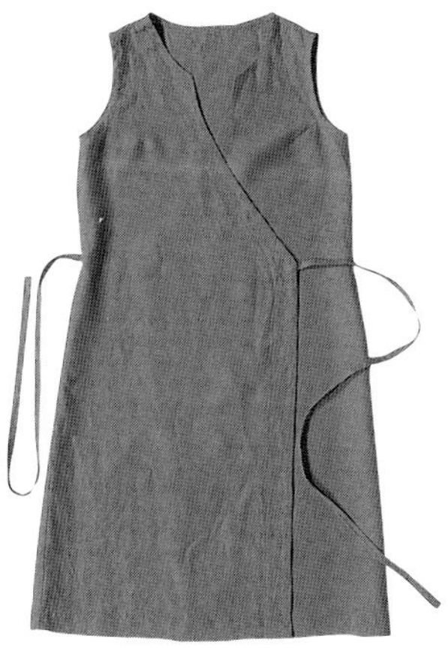

Tour de poitrine	89
Longueur de la robe	98.5

Les étapes de la réalisation

1. Préparer les deux ceintures **A** .
2 . Piquer les pinces sur le devant de la robe. Rabattre chaque pince vers le haut.
3. Poser le biais sur l'encolure du dos **B**.
4. Assembler les pièces (haut et bas) de la parementure du devant. Ouvrir la couture et replier le bord sur 1 cm **C**.
5. Poser, endroit contre endroit, le devant sur la parementure en glissant la ceinture entre les deux. Piquer depuis l'encolure jusqu'en bas **C**.
6. Piquer les coutures d'épaule. Retourner les parementures à l'endroit **D** ① à ③.
7. Piquer le bord de la parementure **D** ④.
8. Poser le ruban de biais sur l'emmanchure.
9. Piquer les coutures des côtés. Surfiler ensemble les deux coutures. Rabattre sur le dos.
10. Plier l'ourlet en trois 1 cm / 3 cm. Piquer.
11. Sur le côté droit, faire, à la machine, une boutonnière pour passer la ceinture **E**.

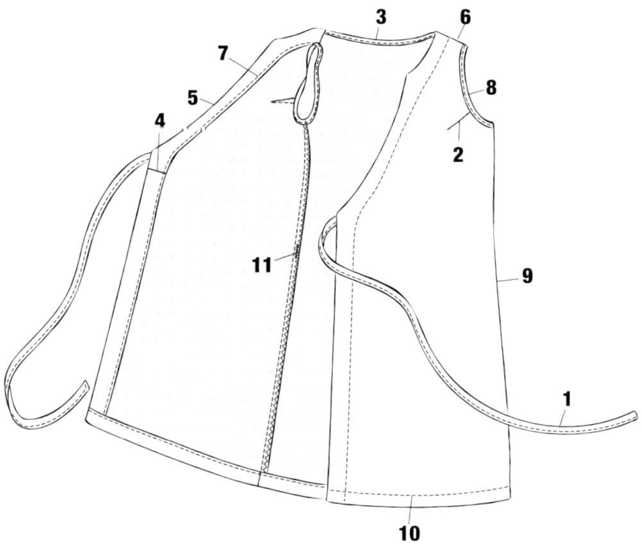

Les pièces du patron

devant, dos, parementure haut, parementure bas

Les fournitures

180 x 155 cm de lin rouge
50 x 70 cm de toile thermocollante (fine)
0,9 x120 cm de ruban en triplure
Fil rouge pour machine à coudre N° 60

Divers conseils pour réaliser cette robe

➜ Coller le ruban en triplure sur l'encolure du dos et les emmanchures pour éviter qu'elles ne se déforment.
➜ Poser sur l'encolure du dos et les emmanchures un biais fait dans le même tissu.
➜ Couper la ceinture sans couture.

Plan de coupe

* La marge de couture est de 1 cm si elle n'est pas indiquée.
* Fixer la toile thermocollante sur les parties grisées

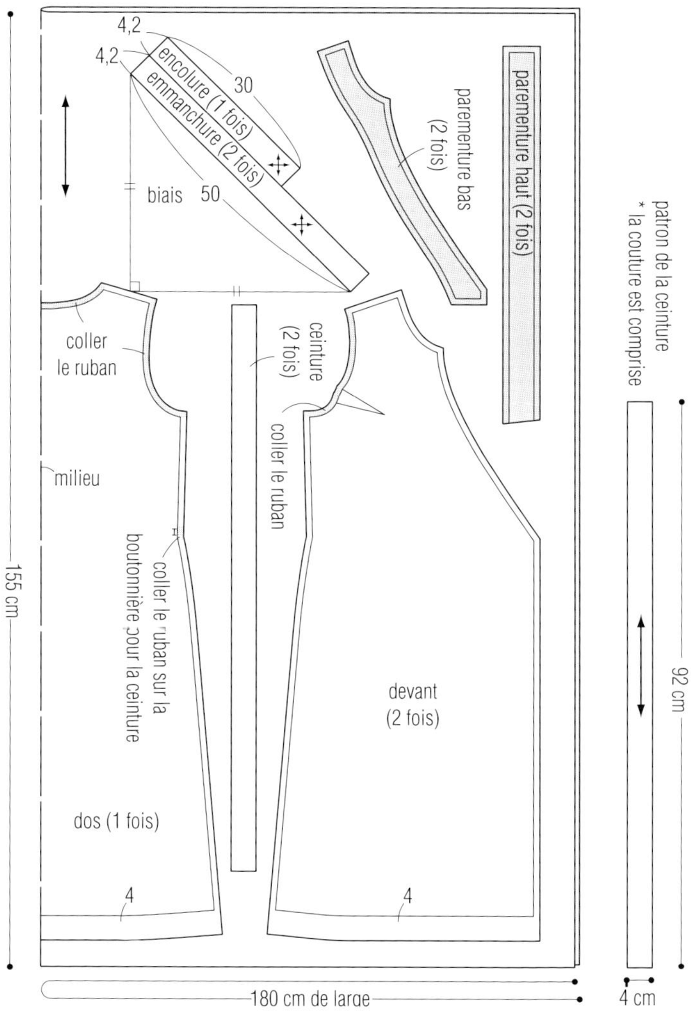

Comment suivre les explications pour l'ensemble des modèles

2 ouvrages on été expliqués en pas à pas, pages 35 à 41. Ils permettent de visualiser les étapes telles que la coupe, le montage d'empiècement et son assemblage à une robe, le montage des manches, la réalisation des pinces, des boutonnières et le montage d'un col. Page 71 est expliquée la confection des poches et du passepoil. Chacun des modèles fait référence à ces pages techniques.

A partir du modèle page 42, les ouvrages sont accompagnés de différents schémas. **Les étapes de la réalisation** renvoient à 2 types de schémas. Les chiffres **1** à **11** correspondent aux dessins se trouvant en dessous. Les lettres **A** à **E** reprises dans le texte renvoient aux dessins ci-dessous où toutes les étapes sont décodées une à une. Les lettres sont quelque fois suivies d'un chiffre par exemple : étape 6 :
6. *Piquer les coutures d'épaule. Retourner les parementures à l'endroit* **D** ① à ③.
Sur le schéma **D**, on peut lire :
① *piqûre d'épaule* - ② *cranter* - ③ *surfiler*

A

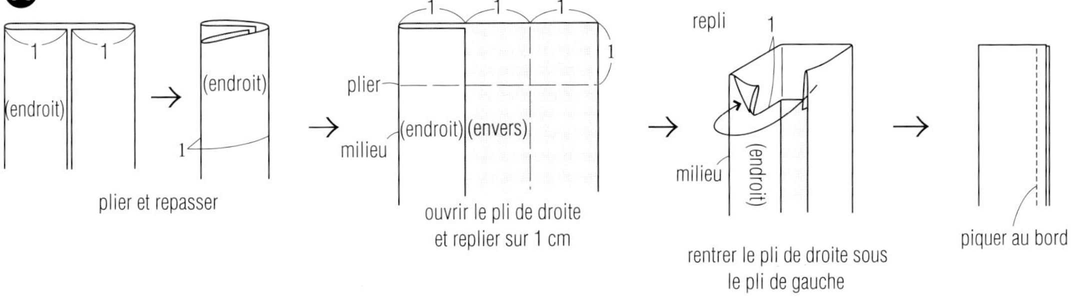

B

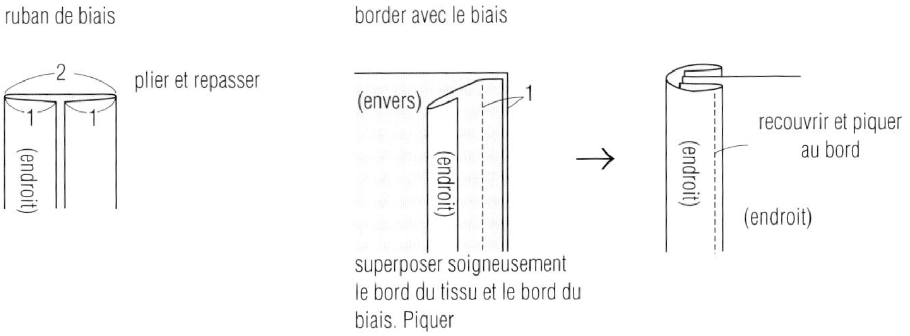

C

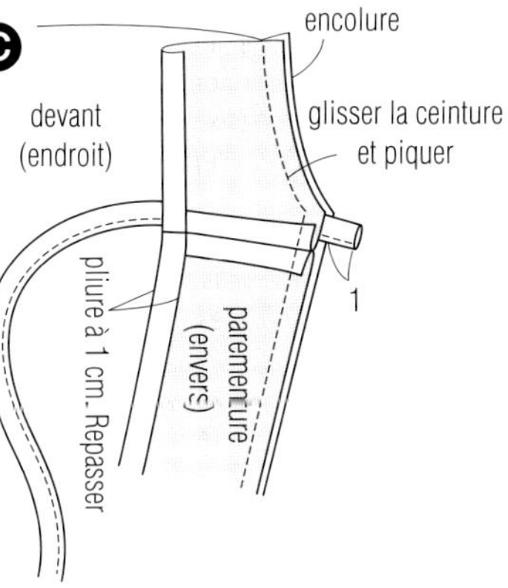

D

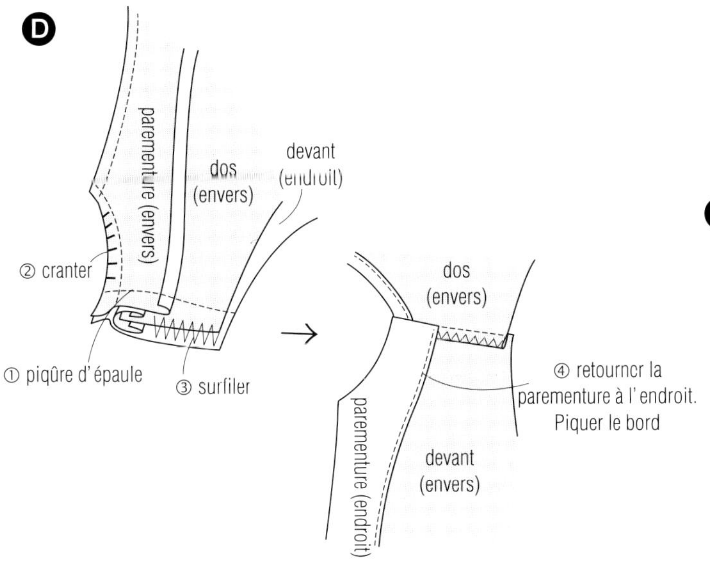

E

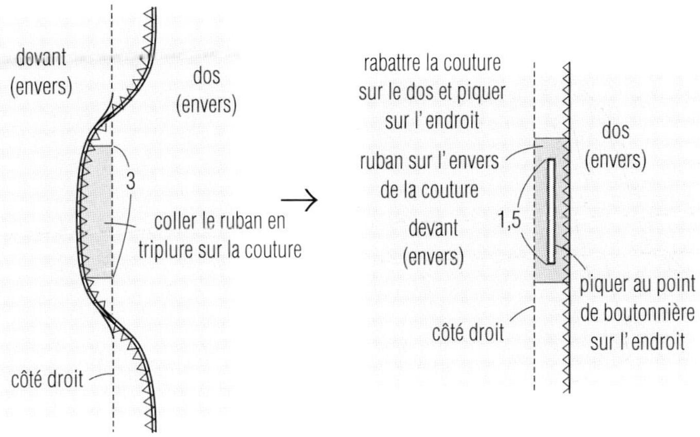

La robe à boutons

Modèle de la page 10 / taille unique (M-L) / ***Encart (face B 4)***

Tour de poitrine	97.5
Carrure	37
Longueur de manche	45
Longueur de robe	110.5

Les étapes de la réalisation

1. Piquer les pinces du devant. Rabattre chaque pince vers la manche et surpiquer jusqu'au repère. **A**
2. Piquer la couture du milieu dos. Surfiler ensemble les deux coutures. Rabattre à droite et surpiquer. **B**
3. Surfiler le côté libre des parementures-devant. Piquer, endroit contre endroit, les coutures d'épaule des parementures. Ouvrir la couture. Plier le bord de la parementure à 1 cm et repasser. Piquer le bord de la parementure. **C**
4. Piquer, endroit contre endroit, les coutures d'épaule du dos et des devants. Surfiler ensemble les deux coutures Rabattre sur le dos. **D** ①
5. Poser, endroit contre endroit, la parementure sur l'empiècement de la robe. Piquer l'encolure. Cranter la couture. **D** ② et ③
6. Retourner la parementure. Elle se retrouve sur l'envers de la robe. Piquer le bord de la parementure dos afin de la fixer au dos de la robe. **E**
7. Piquer les coutures d'emmanchure puis celles du bas des manches. Assembler les manches et l'empiècement en se reportant aux explications de la **page 40, paragraphes 5-1 et 5-2**.
8. Assembler les 3 pièces du devant de la jupe. Surfiler ensemble les deux coutures. Rabattre vers l'extérieur et surpiquer.
9. Finir le bas de la robe en piquant les côtés endroit contre endroit. Surfiler ensemble les deux coutures et rabattre sur le dos.
10. Faire une piqûre sur le bas des parementures devant pour les maintenir. Assembler l'empiècement et la jupe. Surfiler ensemble les deux coutures. Rabattre vers le bas. **F**
11. Surfiler le bord des manches et de la robe. Replier les 4 cm de l'ourlet. Repasser et piquer.
12. Faire les boutonnières et coudre les boutons.

Les pièces du patron

devant, dos, manche, parementure dos, jupe (côté), jupe (milieu), jupe (dos)

Les fournitures

140 x 240 cm de tissu «oxford» (mélange de lin et coton bleu marine)
90 x 50 cm de toile thermocollante
5 boutons de 1,5 cm de diamètre
Fil à coudre pour machine bleu N° 30

Divers conseils pour réaliser cette robe

➜ Le tissu étant un peu épais, choisir un fil pour machine N° 30 et piquer avec un grand point (4 points / cm).
➜ Les manches sont montées de la même manière que celles du chemisier à rayures (ouvrage de la **page 14, explications page 38**).

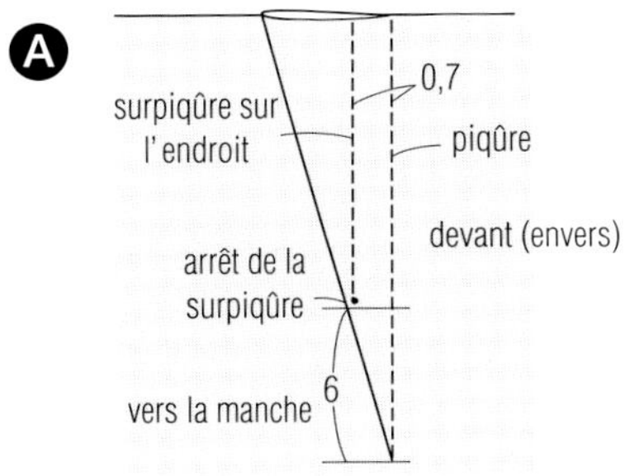

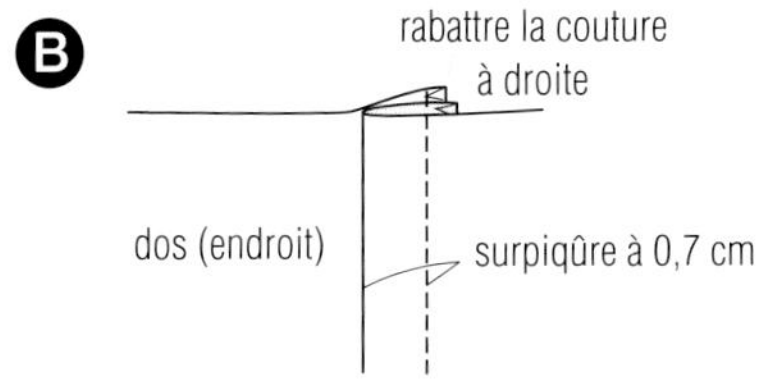

Plan de coupe

*La marge de couture est de 1 cm si elle n'est pas indiquée.
*Fixer la toile thermocollante sur les parties grisées

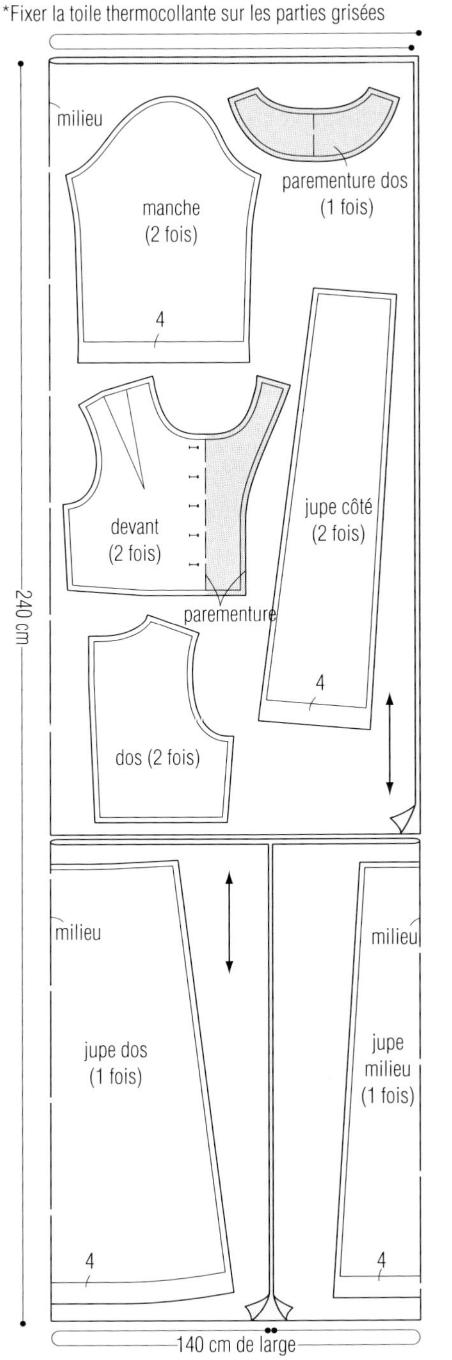

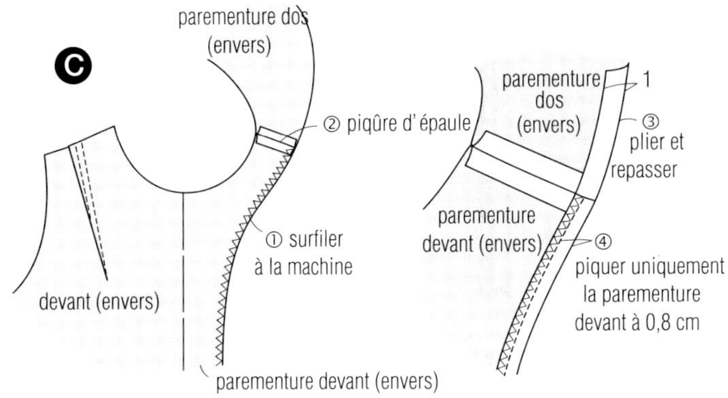

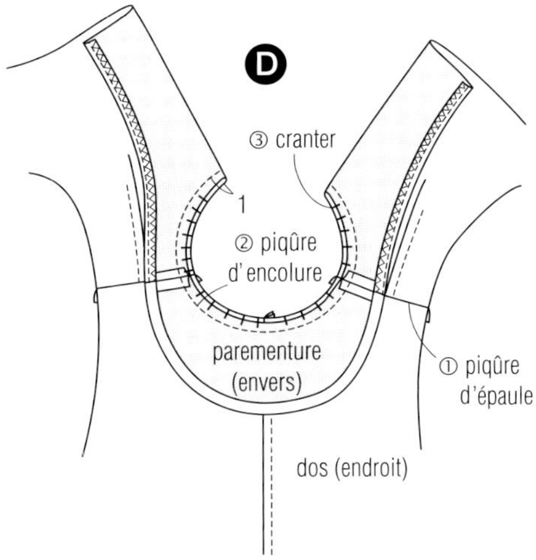

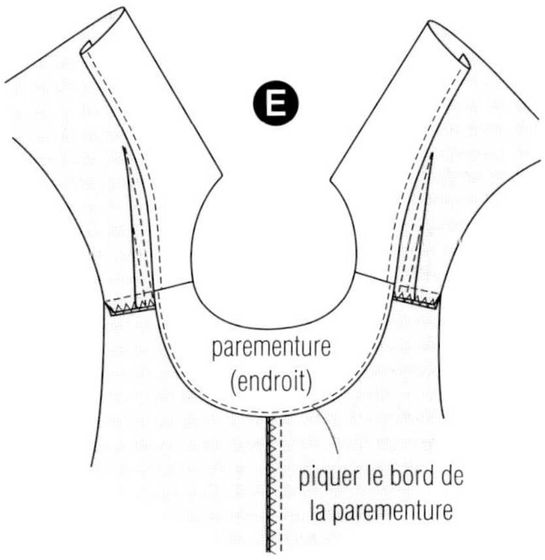

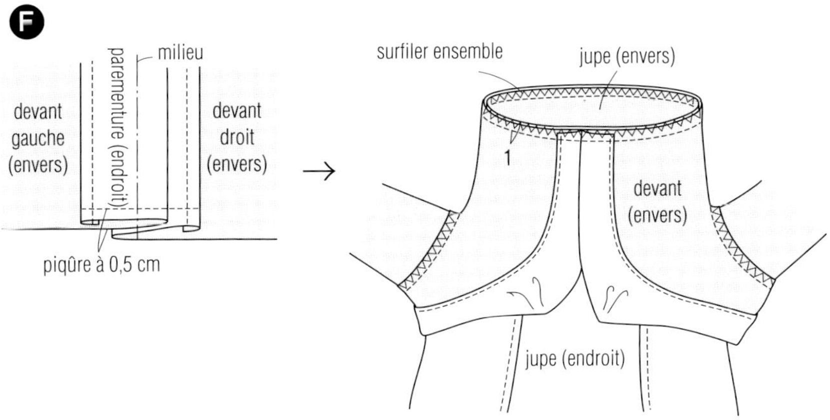

Les robes d'été ornées de plis

Modèles de la page 11 / tailles M, L, enfant (110cm) / ***Encart (face B 5)***

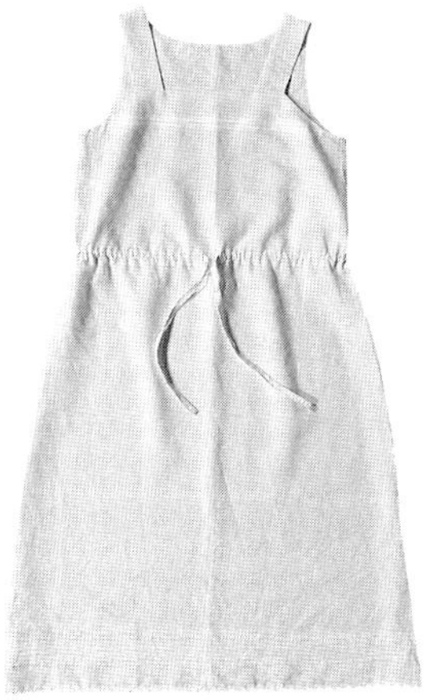

	M	L	enfant
Tour de poitrine	88.8	92.8	66
Longueur de robe	105.2	108.2	66.5

Les pièces du patron

devant, jupe devant (seulement pour les tailles adultes), dos, parementure devant, parementure dos, bretelles

Les fournitures

147 x 220 cm pour les tailles adultes / 147 x 95 cm pour la taille enfant de Lin «chambray»
90 x 50 cm pour les tailles adultes / 90 x 30 cm pour la taille enfant de toile thermocollante
110 cm pour les tailles adultes / 80 cm pour la taille enfant de ruban de coton blanc de 2 cm de large
150 cm pour les tailles adultes / 110 cm pour la taille enfant de croquet de 1,2 cm de large
Fil à coudre pour machine blanc cassé N° 60

Les étapes de la réalisation

1. Confectionner les bretelles. **A**
2. Piquer les plis du bas de la robe. **B**
3. Faire les boutonnières sur le devant pour la ceinture.
4. Surfiler le bas des parementures-devant et parementures-dos.
5. Assembler, endroit contre endroit, le haut et le bas du devant de la robe (pour les tailles adultes). Rabattre la couture vers le haut.
6. Poser, endroit contre endroit le dos sur la parementure-dos. Glisser les bretelles entre les deux épaisseurs et piquer. Couper l'encolure et l'emmanchure dos à 0,5 cm de la piqûre. **C**
7. Retourner le dos et la parementure dos à l'endroit. Assembler de la même manière le devant, la parementure devant et les bretelles. Couper à 0,5 cm de la piqûre d'emmanchure. **D**
8. Préparer la couture des côtés en posant, endroit contre endroit, le dos sur le devant. Faire de même pour les parementures dos et devant (dans l'alignement). Piquer les côtés. Surfiler ensemble les deux coutures. Rabattre sur le dos. **E**
9. Coudre le ruban de coton sur l'envers au niveau de la taille pour former la coulisse. Faire le ruban dans le tissu de la robe ou acheter un ruban de coton dans le commerce. **F**
10. Surfiler l'ourlet et piquer le croquet. **G**
11. Fixer la parementure au point d'ourlet invisible.
12. Confectionner la ceinture (**reprendre les explications page 42, paragraphe 1**) et l'installer. Pour la taille enfant, assembler deux morceaux comme sur le schéma ci-dessous.

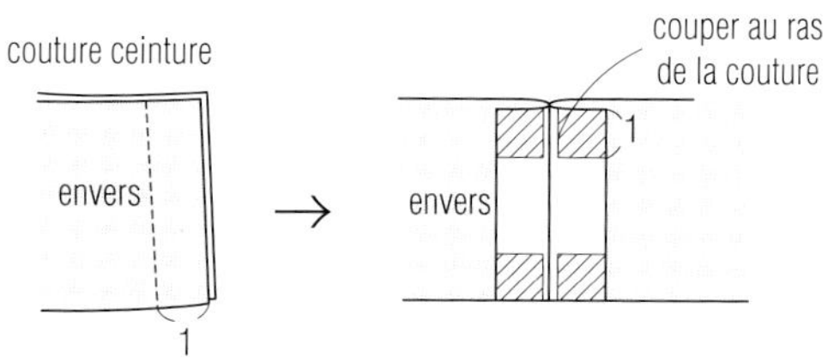

Divers conseils pour réaliser ces robes

➜Reporter soigneusement les repères des plis du bas de la robe. Bien repasser pour marquer chaque pli. Après les avoir piqués un par un, repasser les plis en les couchant.
➜ Le tissu étant clair, marquer les repères au plioir, au poinçon ou avec un stylo marqueur effaçable à l'eau
➜ Le tissu étant léger, la partie arrondie de la parementure risque d'être visible, aussi, couper la couture à 0,5 cm.
➜ Pour les tailles adultes, les deux pièces du devant sont assemblées à la taille.
➜ Pour la ceinture, la marge couture est comprise.

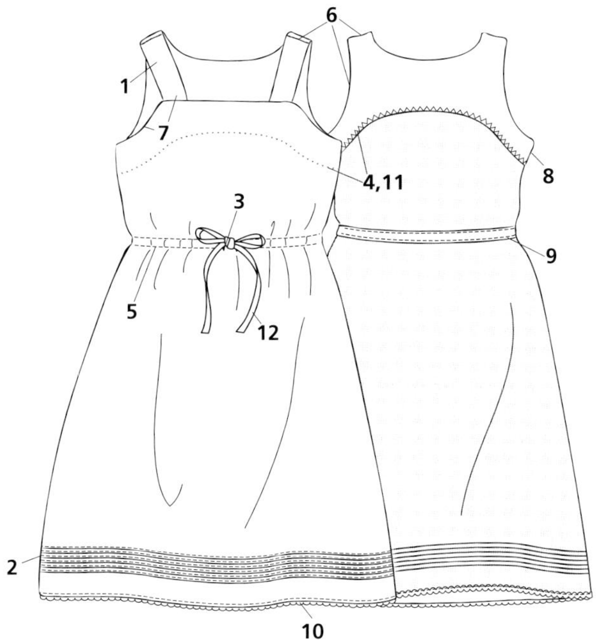

Plan de coupe

*La marge de couture est de 1 cm si elle n'est pas indiquée.
*Fixer la toile thermocollante sur les parties grisées.

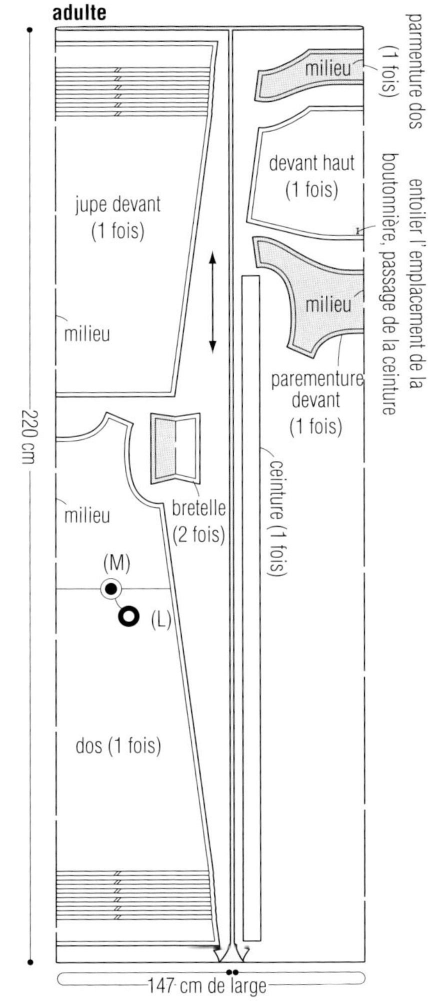

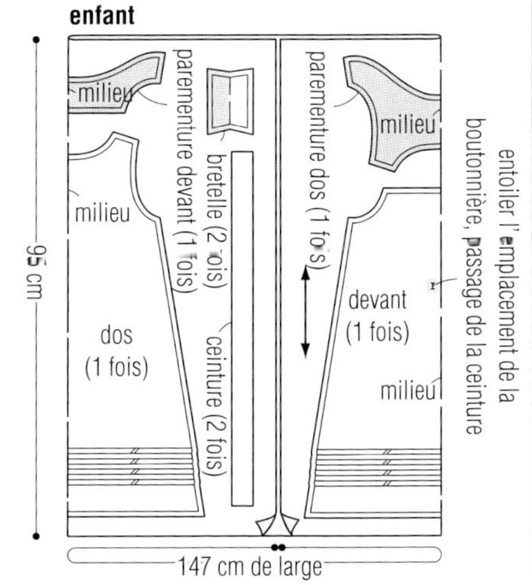

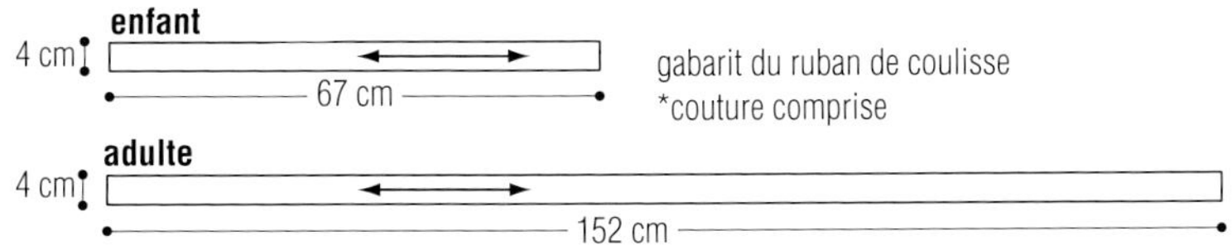

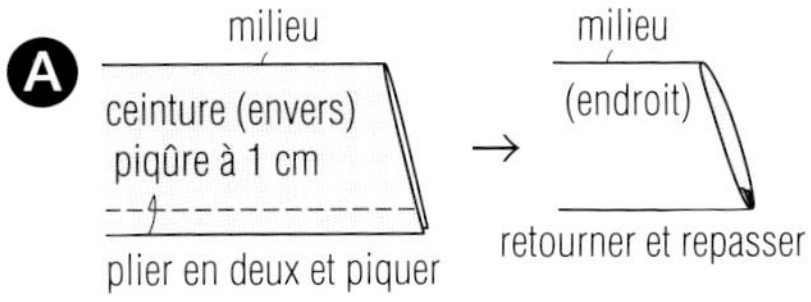

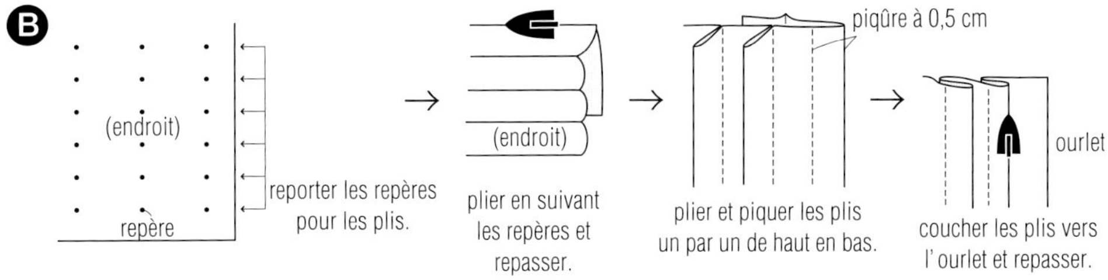

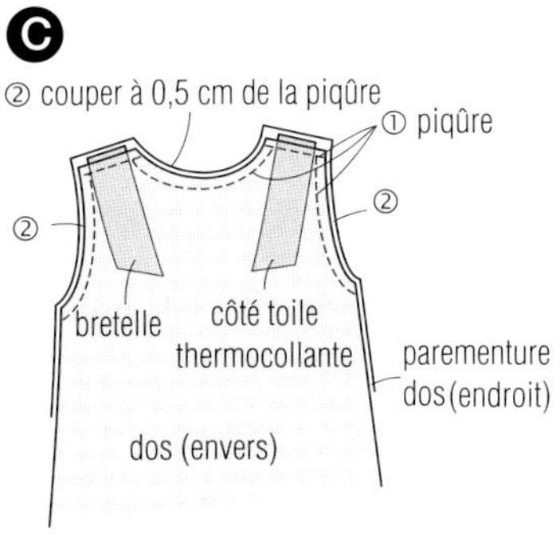

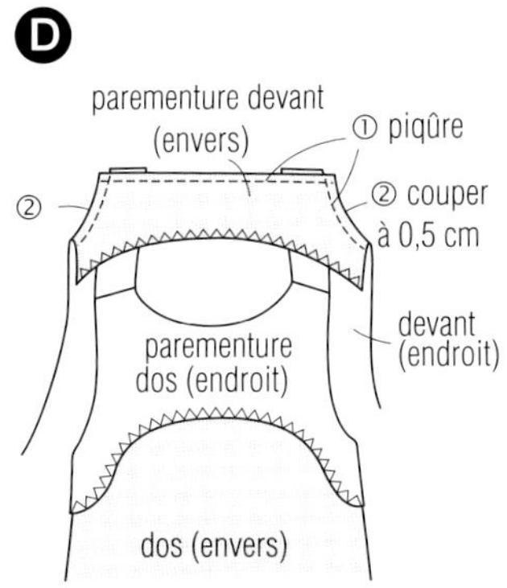

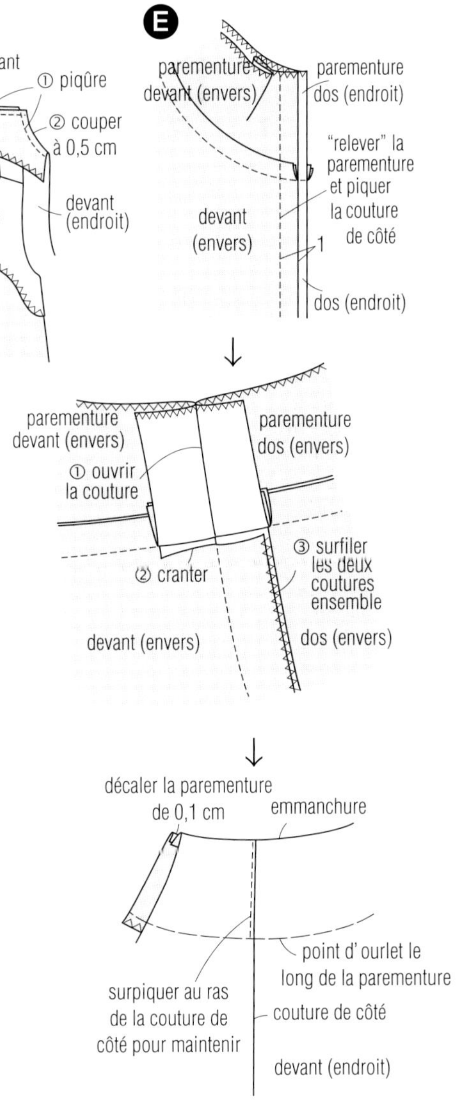

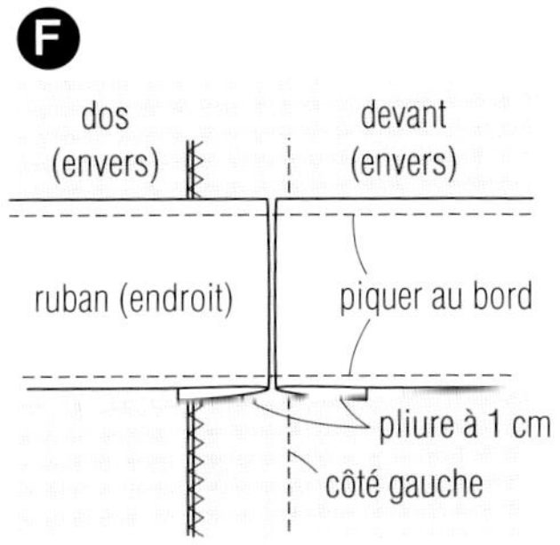

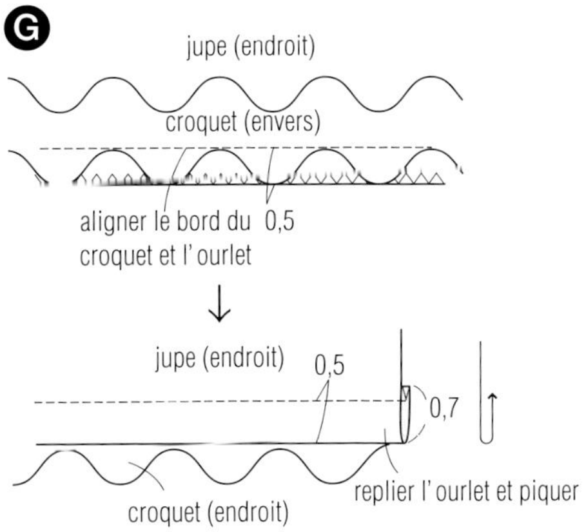

Le manteau

Modèle de la page 12 taille unique / ***Encart (face A 6)***

Tour de poitrine	106
Carrure	42
Longueur de manche	56
Longueur du manteau	99.7

Les étapes de la réalisation

Préparation

Surfiler les parementures devant et les bords intérieurs des pièces supérieures et inférieures des manches. Plier le bord des parementures devant et dos sur 1 cm et repasser. Ⓐ

1. Confectionner le col. Ⓑ

2. Piquer, endroit contre endroit, le devant et la parementure devant du col jusqu'à l'ourlet de la parementure. Ⓒ

3. Piquer, endroit contre endroit, les épaules des parementures devant et dos. Ouvrir la couture. Plier le bord de la parementure et piquer. Ⓓ

4. Piquer la couture du milieu-dos. Surfiler ensemble les deux coutures. Rabattre à droite et surpiquer. Ⓔ

5. Confectionner les poches (en se reportant aux explications p.71 «confection de la poche de hanche»). Piquer les côtés. Surfiler ensemble les deux coutures. Rabattre vers le dos.

6. Piquer endroit contre endroit les coutures d'épaules. Surfiler ensemble les deux coutures. Rabattre vers le dos et surpiquer. Ⓕ

7. Poser, endroit contre endroit, le manteau et sa parementure. Glisser le col et piquer l'encolure. Cranter l'arrondi de la couture et retourner à l'endroit. Ⓖ

8. Piquer le bord de la parementure dos pour la fixer au dos du manteau.

9. Assembler les deux parties des manches. Surfiler ensemble les deux coutures. Rabattre vers le haut de la manche. Surpiquer à 0,7 cm le long de la couture supérieure.

10. Piquer la couture inférieure de la manche. Ouvrir la couture.

11. Monter les manches au reste du manteau. Surfiler ensemble les deux coutures. Rabattre vers le manteau. Surpiquer à 0,7 cm sur l'endroit du manteau. Ⓗ

12. Plier l'ourlet en trois 1 cm / 3 cm. Piquer. Ⓘ

13. Surpiquer le bord du devant du manteau. Ⓙ

14. Plier l'ourlet de la manche en trois 1 cm / 3 cm. Piquer.

15. Faire les boutonnières. Coudre les boutons.

Les pièces du patron

devant, dos, partie inférieure de manche, partie supérieure de manche, parementure devant, parementure dos, col, parementure du col, pied de col, poche

Les fournitures

138 x 330 cm de coton sergé beige
50 x 35 cm de doublure de coton
90 x 110 cm de toile thermocollante
0,9 x 40 cm de ruban thermocollant
6 boutons de 2,2 cm de diamètre
fil pour machine à coudre beige N° 30

Divers conseils pour réaliser ce manteau

➜ Le tissu étant épais, utiliser du fil pour machine N° 30 et piquer avec un grand point (environ 4 points / cm).

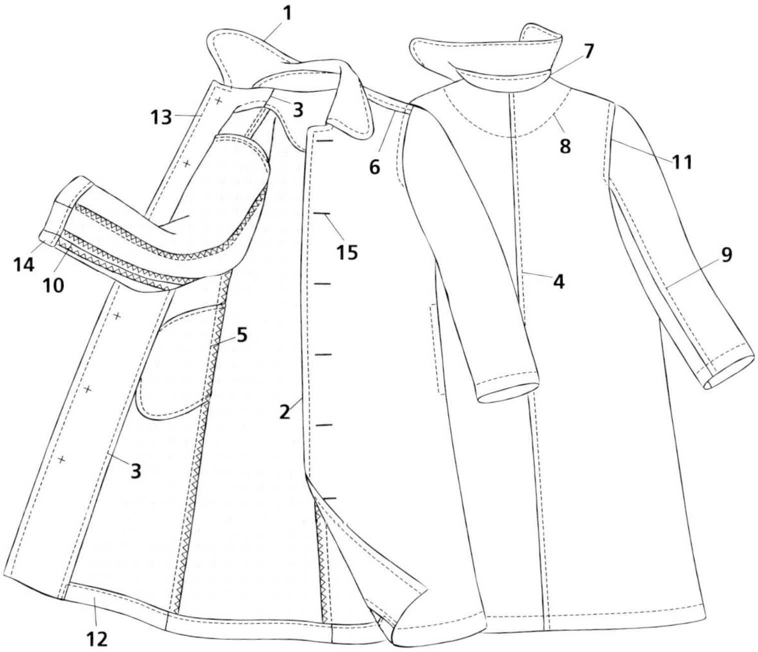

Plan de coupe

*La marge de couture est de 1 cm si elle n'est pas indiquée.
* Fixer la toile thermocollante sur les parties grisées

tissu extérieur

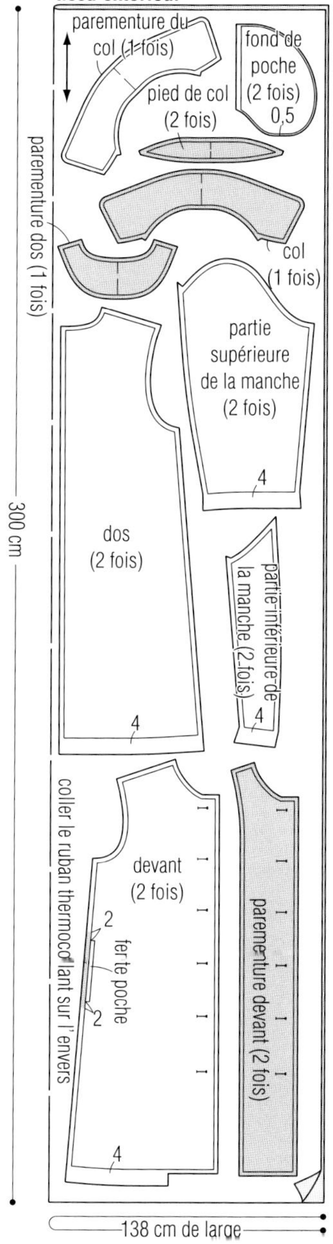

doublure de coton

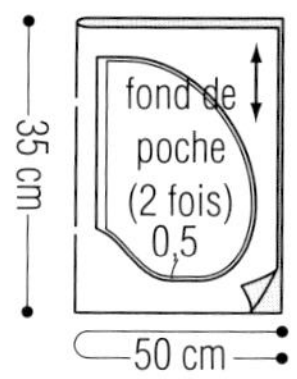

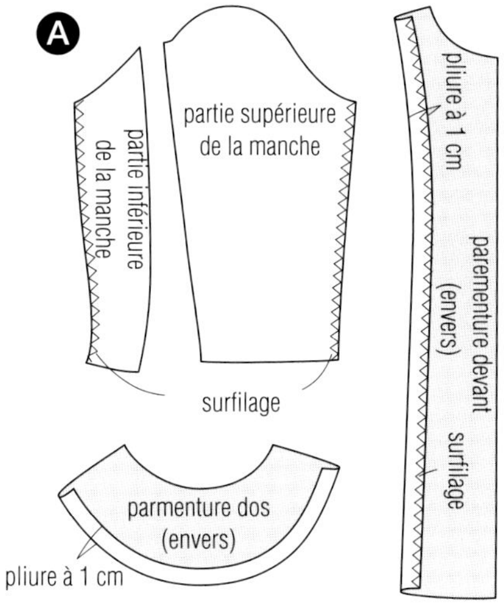

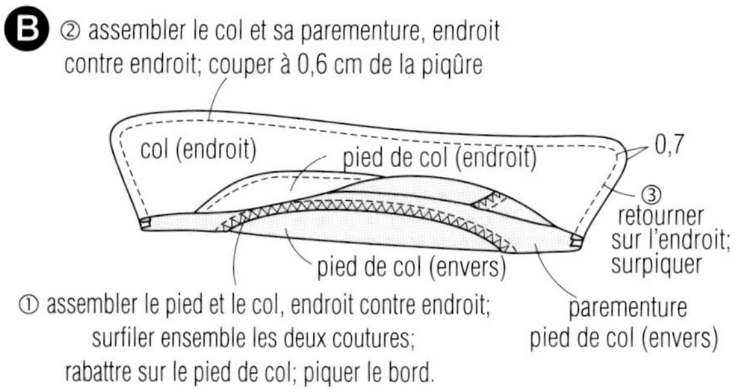

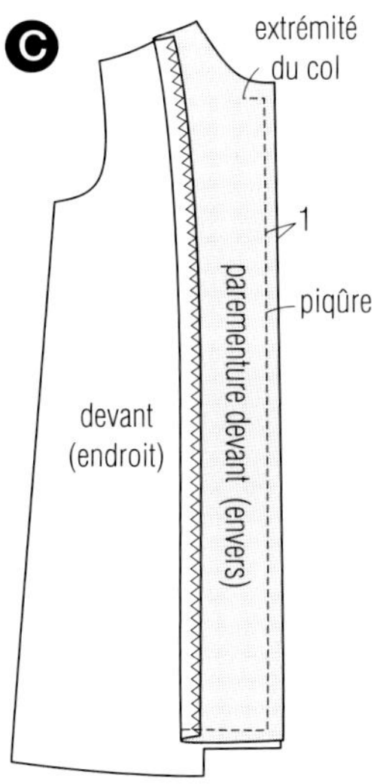

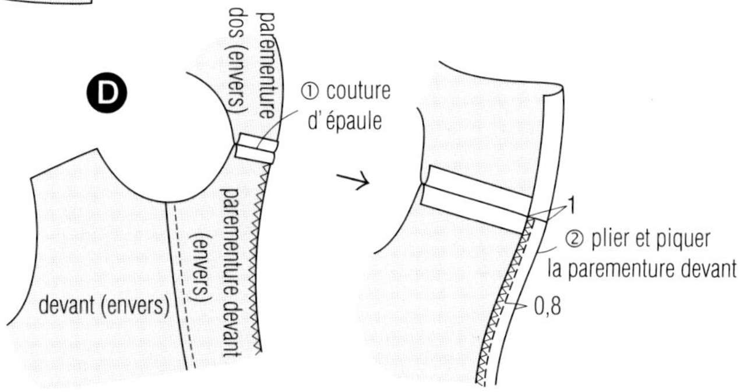

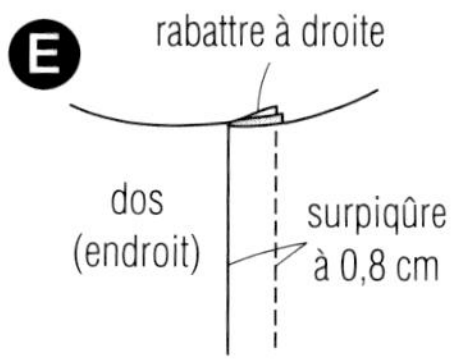

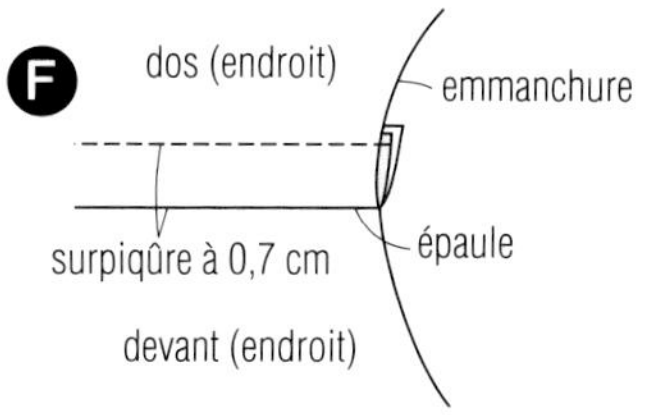

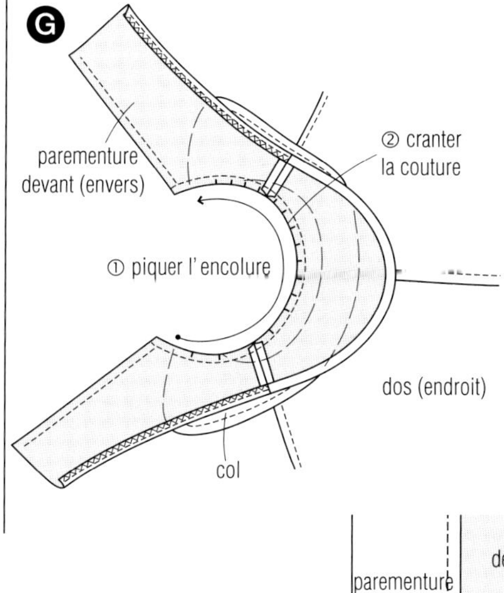

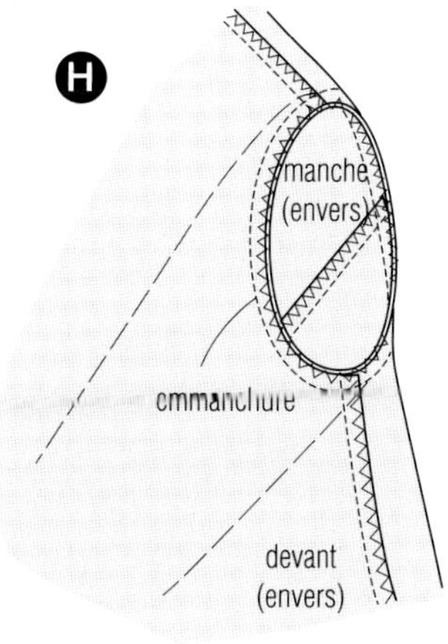

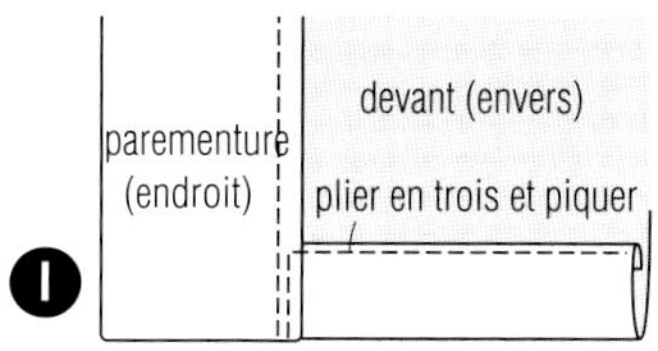

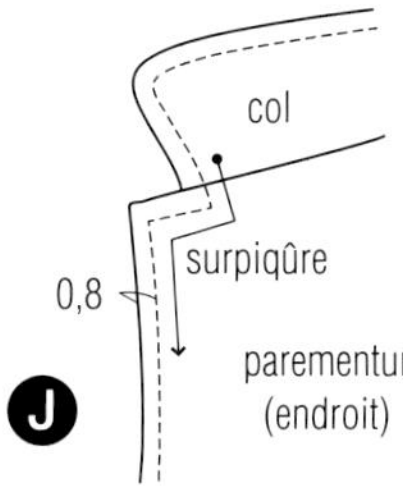

Le chemisier blanc

Modèle de la page 15 / taille M, L, / ***Encart (face A 7)***

	M	L
Tour de poitrine	98	102
Carrure	36	37.5
Longueur de manche	46	46.8
Longueur du chemisier	61	62.5

Les pièces du patron

devant, dos, manche, col, parementure de col

Les fournitures

147 x 140 cm de lin-chambray blanc
90 x 75 cm de toile thermocollante
7 boutons de 1,2 cm de diamètre
fil pour machine à coudre blanc N° 60

Divers conseils pour réaliser ce chemisier

➜ Pour le montage des manches, se reporter aux explications du chemisier à rayures, page 38.

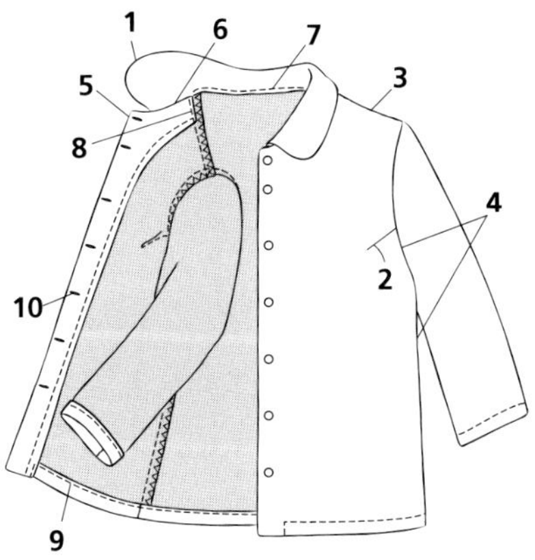

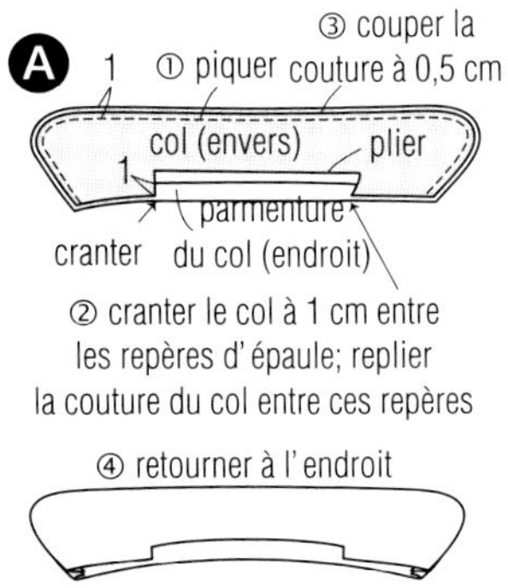

Les étapes de la réalisation

1. Confectionner le col. Ⓐ
2. Piquer les pinces du devant. Rabattre la couture vers le haut.
3. Piquer les coutures d'épaules en posant le devant et le dos endroit contre endroit. Surfiler ensemble les deux coutures. Rabattre sur le dos. Ⓑ -①
4. Monter les manches Piquer la couture de côté du chemisier ainsi que celle de la manche (voir les explications **page 40, paragraphes 5-1 et 5-2**).
5. En suivant le schéma, piquer les parementures. Ⓑ, ③ et ④
6. Retourner les parementures sur l'envers du chemisier. Glisser le col entre la parementure et le chemisier. Piquer ensemble les trois épaisseurs. Piquer la parementure du col uniquement entre les deux repères d'épaule. Cranter la couture. Retourner la parementure. Ⓑ-⑤
7. Soulever le col. Aligner la ligne de couture du col sur celle de l'encolure du dos. Piquer. Ⓒ-①
8. Piquer la parementure sur la couture de l'épaule pour la fixer. Ⓒ -②
9. Piquer l'ourlet de la parementure et retourner. Plier l'ourlet du chemisier et de la manche en trois 1 cm / 3 cm. Piquer. Ⓓ
10. Faire les boutonnières et coudre les boutons.

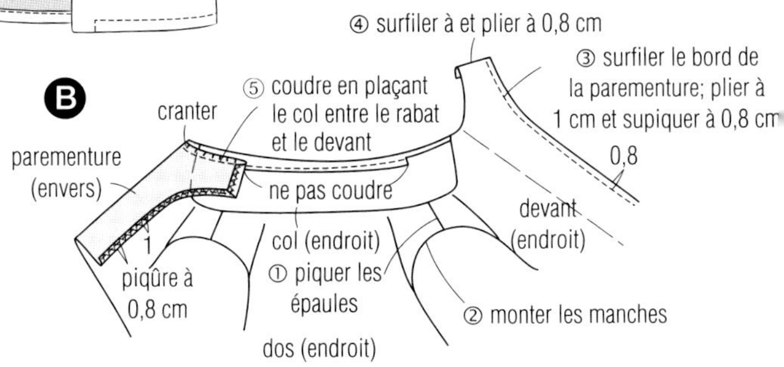

Plan de coupe

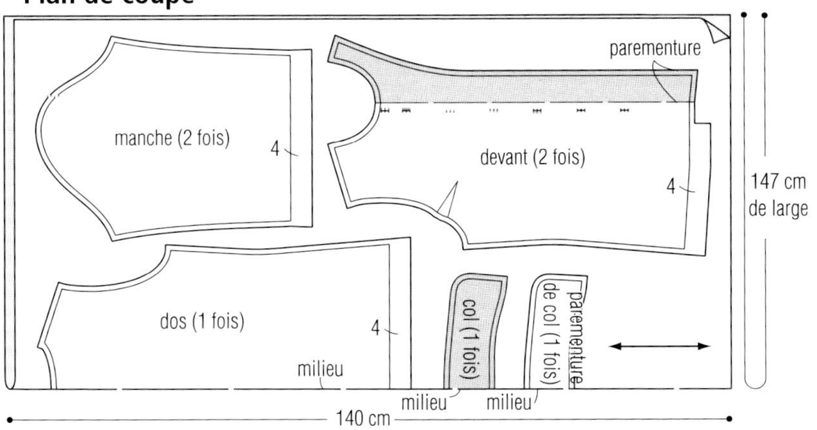

*La marge de couture est de 1 cm si elle n' est pas indiquée.
* Fixer la toile thermocollante sur les parties grisées.

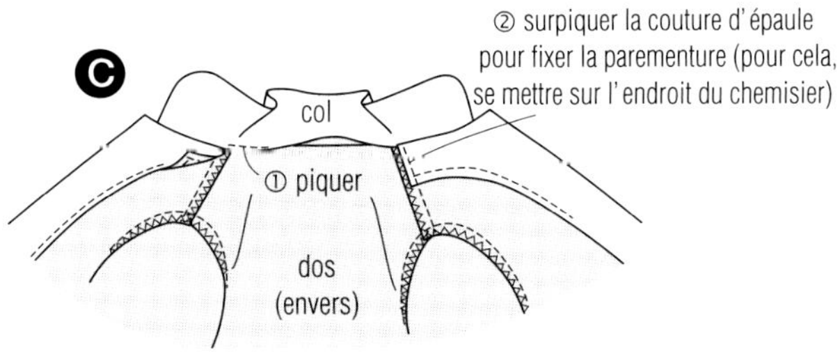

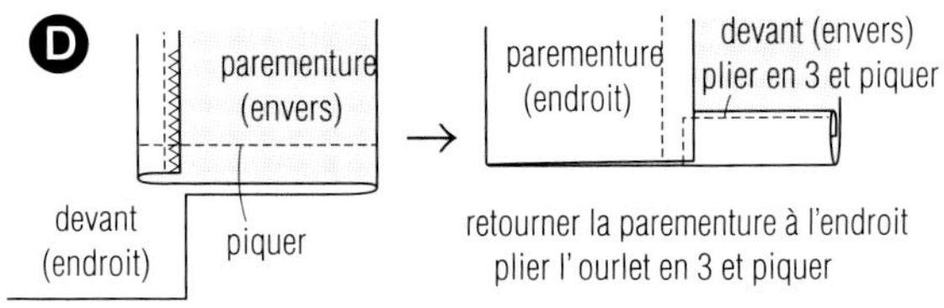

Le gilet

Modèle de la page 15 / taille unique (M et L) / ***Encart (face A 8)***

Tour de poitrine	98
Carrure	36
Longueur du gilet	61

Les pièces du patron

devant, parementure devant (même patron que le devant), empiècement de côté devant, dos, empiècement de côté dos, pattes (gauche et droite), passepoil, fond de poche

Les fournitures

150 x 60 cm de lin à chevrons noir
90 x 50 cm de doublure en coton noire
90 x 100 cm de toile thermocollante
0,90 x 170 cm de ruban thermocollant type «Vlieseline»
1 bouton de 1,8 cm de diamètre
1 boucle métallique (boucle à coulisse)
fil pour machine à coudre noir N° 60

Les étapes de la réalisation

1. Piquer les pattes en les plaçant endroit contre endroit. Les retourner sur l'endroit. Surpiquer au bord. Fixer la boucle métallique à gauche. Ⓐ-①
2. Pour chaque côté du gilet, assembler, les deux parties du devant (empiècement et coté). De même, assembler pour chaque côté la parementure devant et la doublure de l'empiècement de côté. Ouvrir les coutures.Ⓑ -①
3. Assembler le dos et les empiècements de côté-dos. Assembler, de même, ces morceaux en doublure. Glisser les pattes avant de piquer. Ouvrir les coutures. Ⓐ-②, Ⓑ-②
4. Confectionner la poche passepoilée (voir les explications page 71).
5. Piquer les épaules du gilet et de la doublure. Rabattre la couture de gilet sur le dos. Rabattre la couture de la doublure sur le devant. Ⓑ-③
6. A l'aide du schéma, assembler le gilet et la doublure. Ⓑ-④ et ⑤
7. Retourner sur l'endroit et piquer, endroit contre endroit, les côtés du gilet et les côtés de la doublure. Rabattre les coutures sur le dos. Ⓒ
8. Coudre au point invisible la partie non cousue à l'étape 6 (jusqu'au côté) Ⓓ
9. Décaler la doublure du dos de 0,1 cm vers l'intérieur et piquer. Ⓔ
10. Faire les boutonnières et coudre les boutons.

Divers conseils réaliser ce chemisier

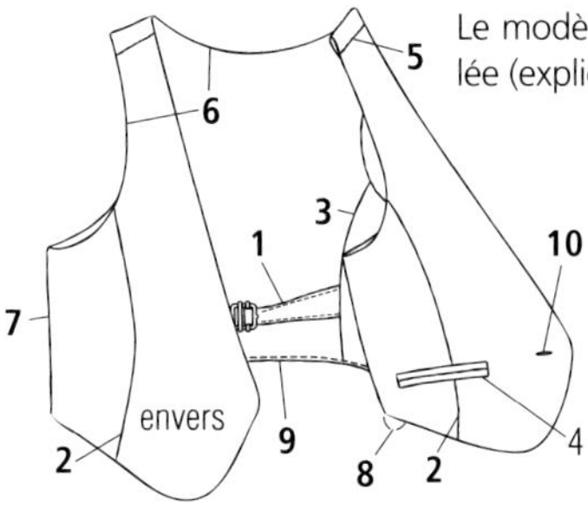

Le modèle de la poche est celui de la poche passepoilée (explications page 71).

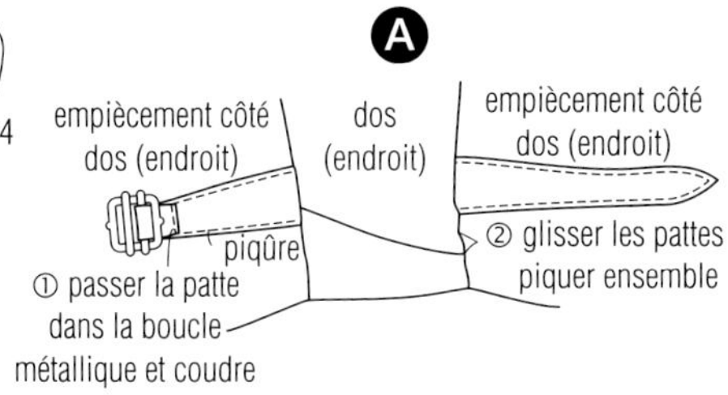

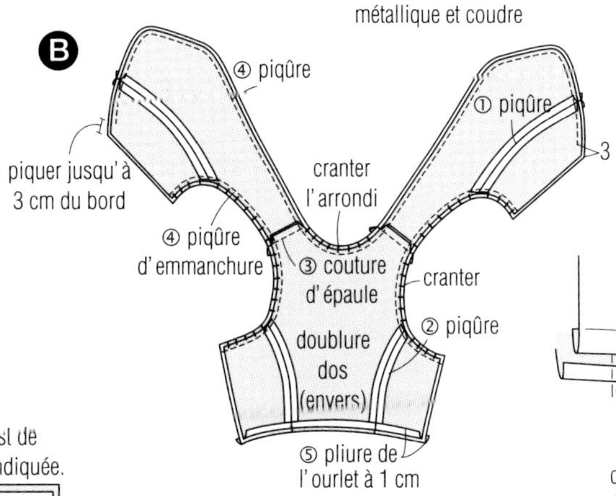

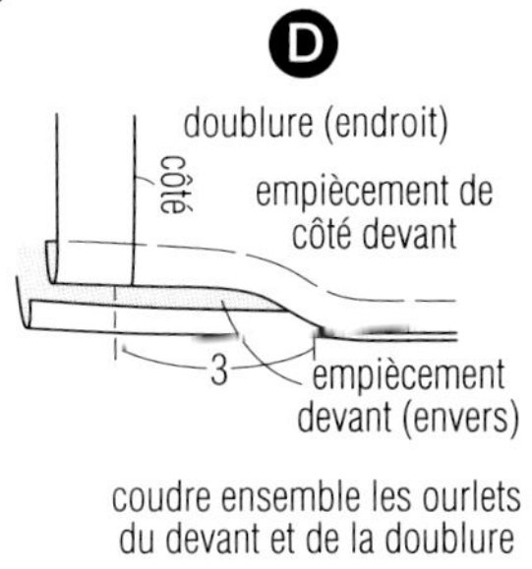

Plan de coupe

tissu du gilet
*La marge de couture est de 1 cm si elle n'est pas indiquée.
*Fixer la toile thermocollante sur les parties grisées et le ruban thermocollant sur les parties rayées

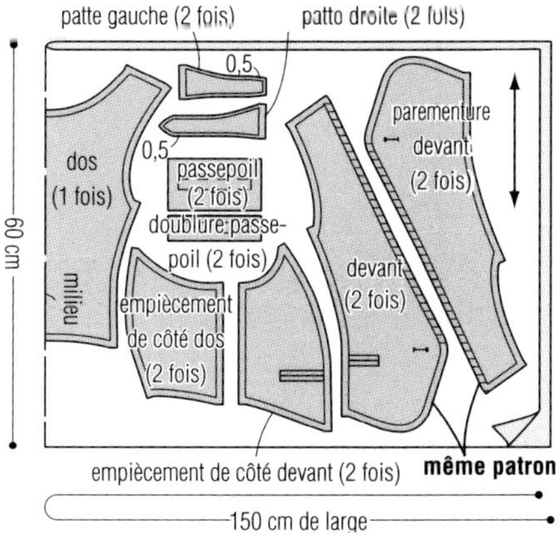

doublure
*La valeur de couture est de 1 cm si elle n'est pas indiquée.

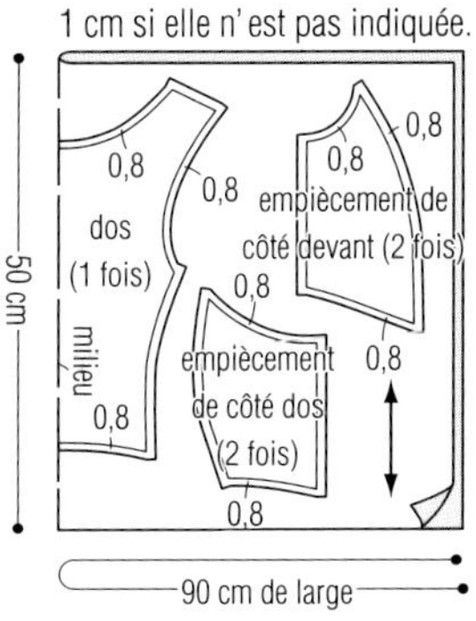

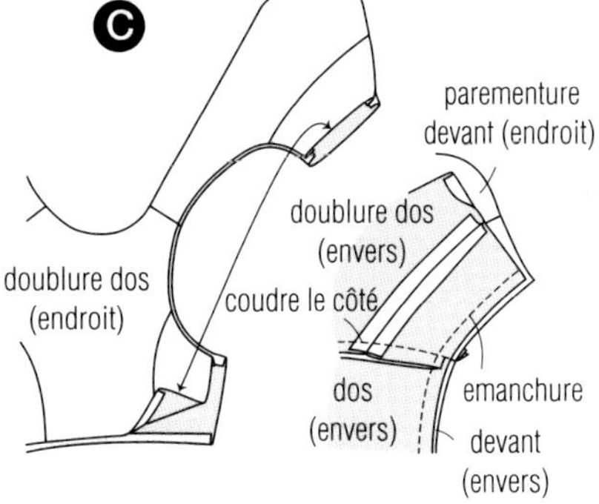

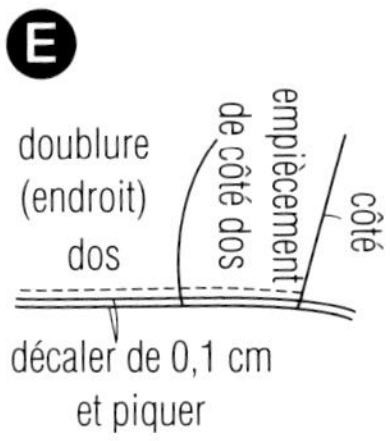

Les blouses à coulisse

Modèles de la page 16 / taille unique adulte (M et L) / taille unique enfant (110cm) / ***Encart (face B 9)***

	adulte	enfant
Tour de poitrine	108	80
Longueur de manche	43	25.5
Longueur de blouse	60.5	41

Les pièces du patron

devant, dos, manche, empiècement d'encolure, poignet

Les fournitures

147 x 145 cm pour la taille adulte de lin-chambray rose pâle
147 x 105 cm pour la taille enfant de lin-chambray rose pâle
5 x 5 cm de toile thermocollante
0,6 x 130 cm pour la taille adulte de ruban de coton blanc cassé
0,6 x 120 cm pour la taille enfant de ruban de coton blanc cassé
280 d'élastique de 0,6 cm de large pour la taille adulte
160 d'élastique de 0,6 cm de large pour la taille enfant
fil pour machine à coudre rose N° 60

Les étapes de la réalisation

1. confectionner les empiècements d'encolure et de poignet. **A**
2. Poser, endroit contre endroit, le devant sur le dos endroit. Piquer les coutures de côtés. Surfiler ensemble les deux coutures. Rabattre sur le dos. **B** -①
3. Plier en trois 1 cm / 2 cm l'ourlet du bas. Piquer.
4. Replier la manche endroit contre endroit. Piquer la couture le long de la manche. Surfiler ensemble les deux coutures. Rabattre vers le devant.
5. Assembler, endroit contre endroit, le corps de la blouse et la manche à emmanchure raglan. Surfiler les deux coutures ensemble. Rabattre sur la manche. **B** -②
6. Assembler l'empiècement d'encolure et la chemise. Surfiler ensemble les trois coutures. **C**
7. assembler le poignet et la manche de la même manière. **D**
8. Faire passer trois élastiques (deux élastiques pour la taille enfant) dans les coulisses de l'encolure et deux élastiques dans celles du poignet. Faire passer aussi le ruban de coton dans la coulisse du haut.

Divers conseils réaliser ce chemisier

➜ La manche raglan est coupée en biais (entre encolure et le bas). Veiller à ne pas déformer la couture en piquant.
➜ Veiller à ce que l'élastique ne vrille pas dans la coulisse. Assembler les extrémités en cousant au point arrière sur 1 cm.

longueur d'élastique à couper	adulte	enfant
poignet	27	20
encolure haut	70	0
encolure milieu	72	55
encolure bas	74	57

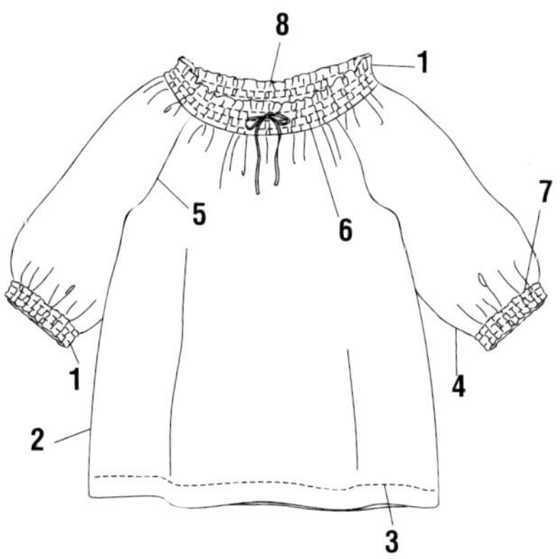

Plan de coupe

*La marge de couture est de 1cm si elle n'est pas indiquée.
*Fixer la toile thermocollante sur les parties grisées

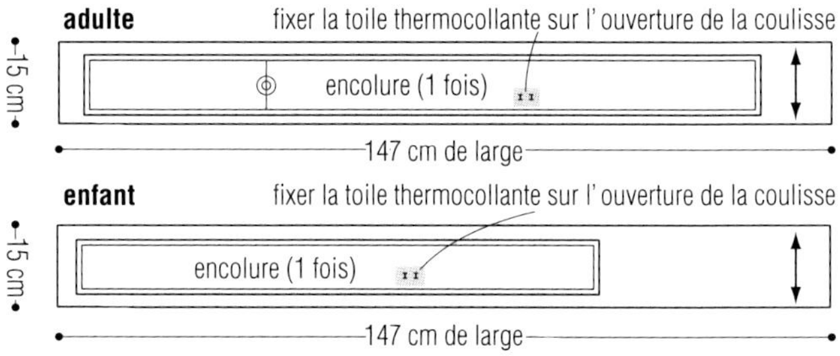

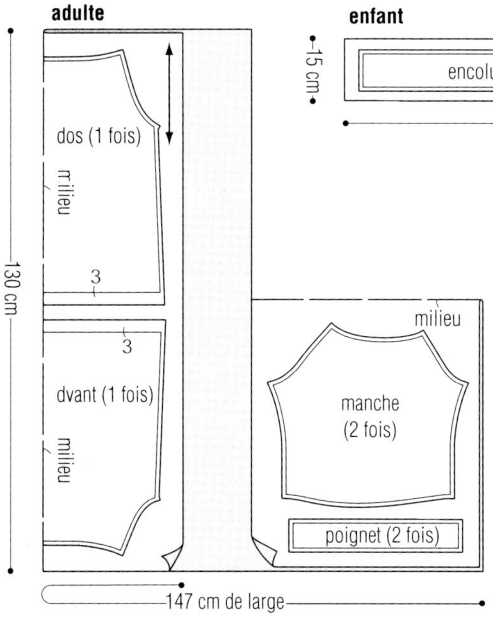

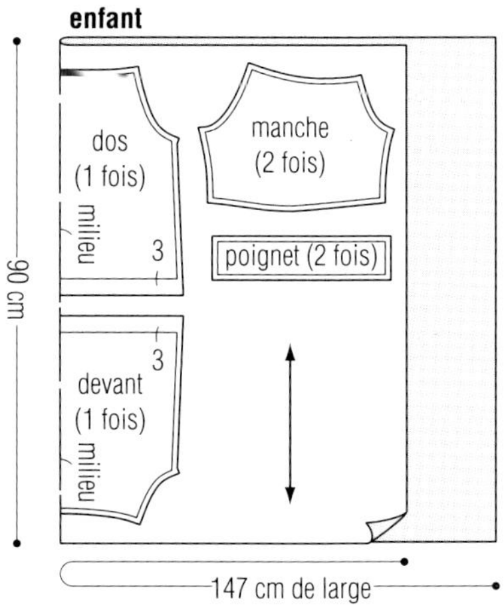

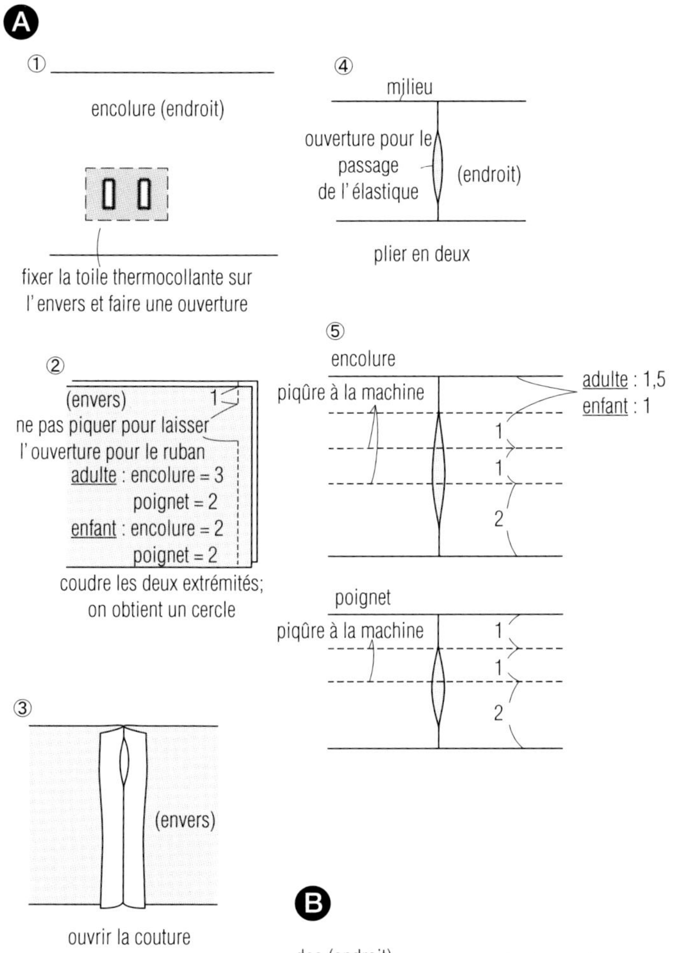

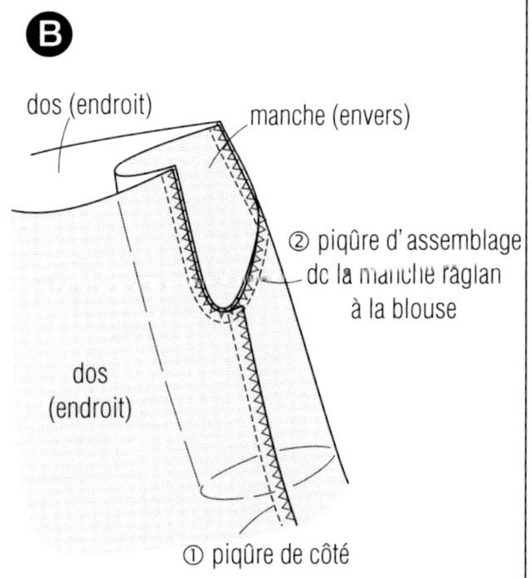

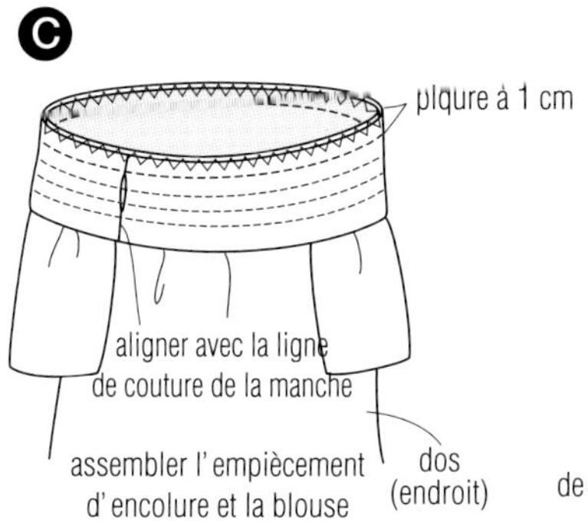

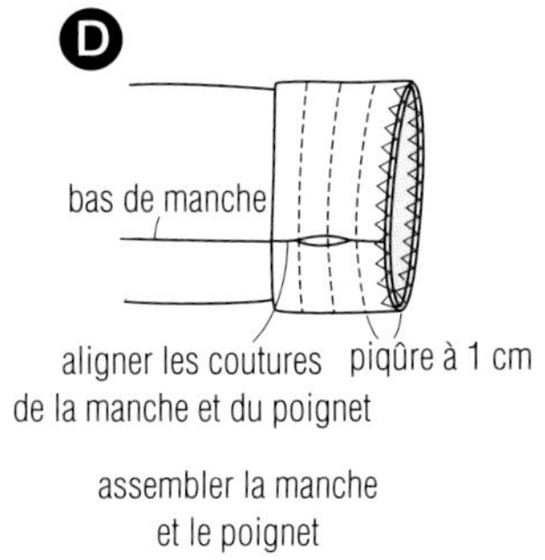

La vareuse kaki

modèle de la page 17 / tailles M et L / ***Encart (face A 10)***

	M	L
Tour de poitrine	120	124
Carrure	38	39.5
Longueur de manche	45.5	46.5
Longueur de blouse	61.5	63

Plan de coupe

*La marge de couture est de 1 cm si elle n'est pas indiquée.
*Fixer la toile thermocollante sur les parties grisées.

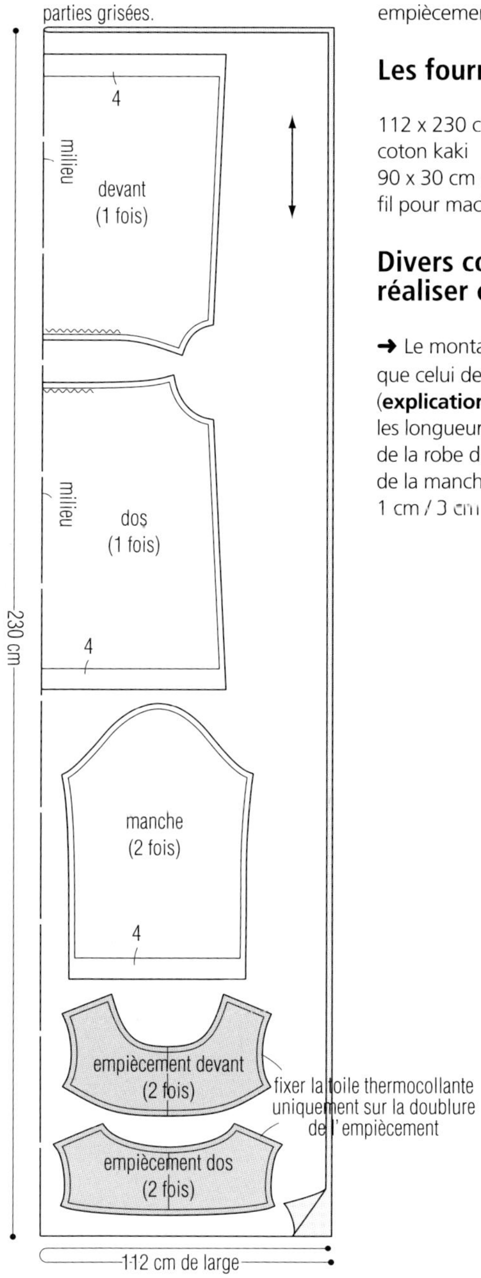

Les pièces du patron

devant, dos, manche, empiècement devant, empiècement dos

Les fournitures

112 x 230 cm de voile de coton kaki
90 x 30 cm de toile thermocollante
fil pour machine coudre kaki N° 60

Divers conseils pour réaliser cette vareuse

➜ Le montage est le même que celui de la robe froncée (**explications page 35**). Seules les longueurs des manches et de la robe diffèrent. L'ourlet de la manche est plié en trois 1 cm / 3 cm puis, il est piqué.

La robe et le chemisier à plastron

Modèle de la page 18 / tailles M et L / ***Encart (face A 11)***

mesures	M	L
Tour de poitrine	98	102
Carrure	36	37.5
Longueur de manche	39	39.8
Longueur de la robe	81	82.5
Longueur du chemisier	61	62.5

Les étapes de la réalisation

1. Confectionner le col (reprendre les explications de la page 39, **paragraphe 4-2).**

2. Plier les parementures du plastron en trois en repassant à chaque étape. Les superposer. Piquer pour les fixer.

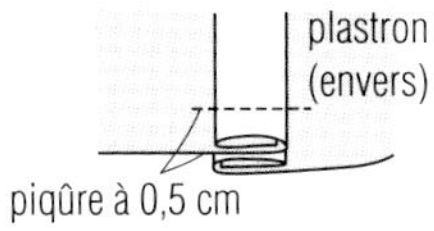

3. Froncer le devant **(explications page 36 paragraphe 3-1)**.
Assembler, endroit contre endroit, le plastron et le devant. Surfiler ensemble les deux coutures. Rabattre sur le plastron et surpiquer au bord.

4. Piquer la couture d'épaules en plaçant le devant et le dos endroit contre endroit. Surfiler ensemble les deux coutures. Rabattre sur le dos.

5. Monter le col **(explications page 39, paragraphes 4-4 et 4-5)**

6. Assembler les manches et le corps de la robe (couture d'emmanchure). Piquer la couture des manches et des côtés **(voir page 40, paragraphes 5-1 et 5-2)**

7. Froncer le bas des manches et monter le poignet **(voir page 40, paragraphes 5-3 à 5-5)**

8. Plier l'ourlet en trois 1 cm / 3 cm. Piquer.

9. Faire les boutonnières et coudre les boutons.

Les pièces du patron

devant, dos, manche, plastron, col, poignet

Les fournitures

Robe
147 x 160 cm de lin chambray beige
90 x 40 cm de toile thermocollante
5 boutons de 1,2 cm de diamètre
fil pour machine à coudre beige N° 60
Chemisier
150 x 130 m de lin à rayures
112 x 50 cm de lin blanc
fil pour machine à coudre blanc N° 60 blanc
90 x 40 cm de toile thermocollante
5 boutons de 1,2cm de diamètre

Divers conseils pour réaliser cette robe et ce chemisier

➜ Reprendre les explications (**page 35**) de la robe froncée (**modèle de la page 8**) pour froncer le devant et la manche.
➜ Reprendre les explications (**page 38**) du chemisier à rayures (**modèle de la page 14**) pour le montage du col, de la manche et du poignet.

*La marge de couture est de 1 cm si elle n'est pas indiquée.
*Fixer la toile thermocollante sur les parties grisées.

★ fixer la toile thermocollante sur une des deux pièces du col
● fixer la toile thermocollante sur la moitié de la parementure

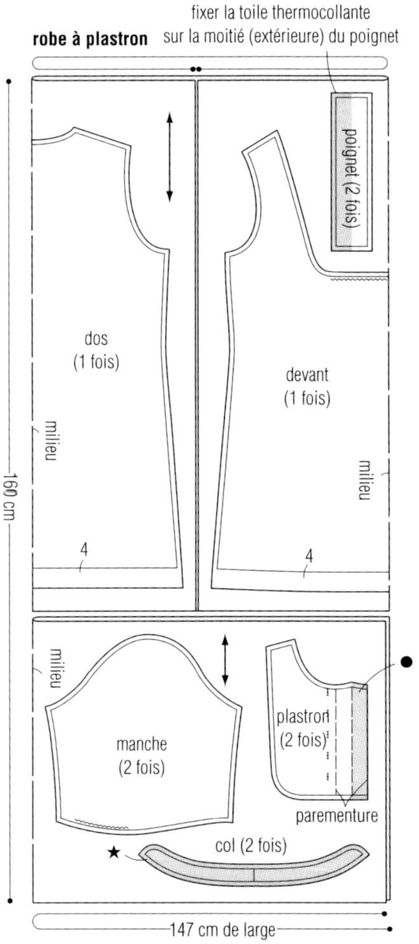

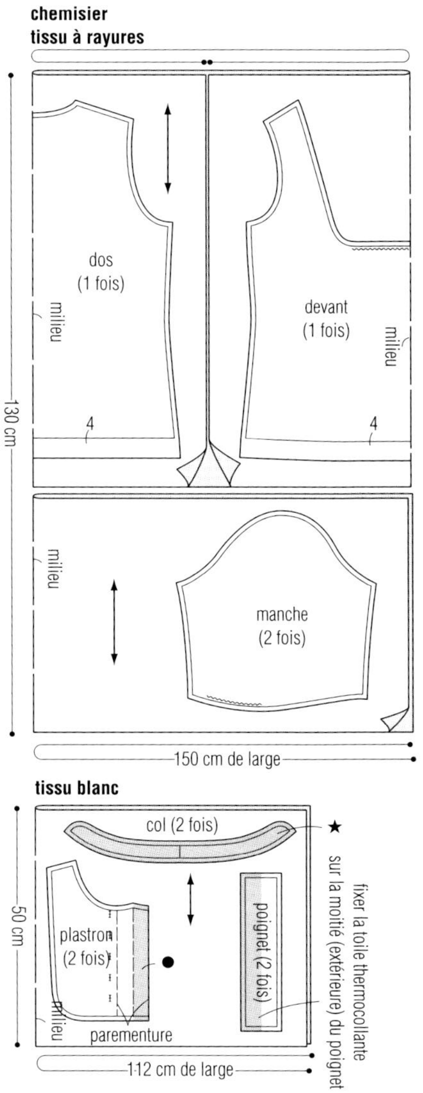

Les blouses à col tunisien

Modèles de la page 19 / tailles M et L / ***Encart (face B 12)***

	M	L
Tour de poitrine	98	102
Carrure	36	37.5
Longueur de blouse	66	67.5
Longueur de manche (3/4)	45	46
Longueur de manche (courte)	35	36

*La marge de couture est de 1 cm si elle n' est pas indiquée.
*Fixer la toile thermocollante sur les parties grisées.

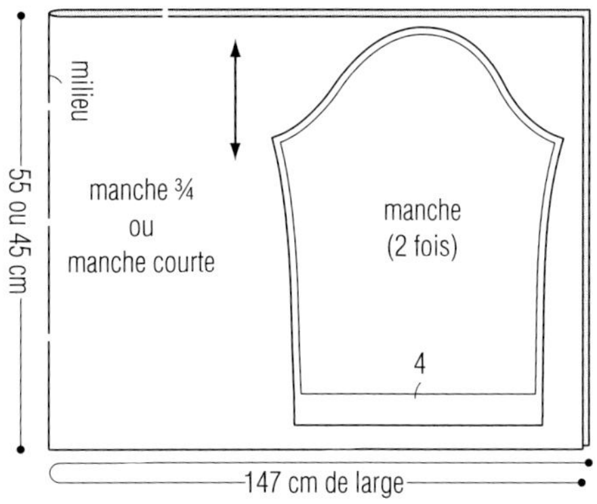

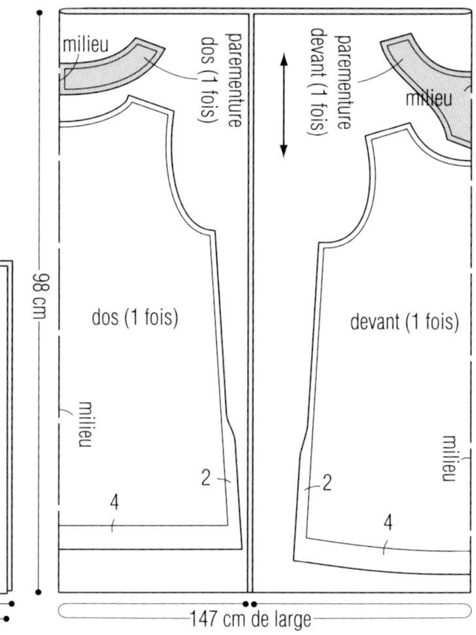

Les pièces du patron

devant, dos, parementure-devant, parementure-dos, manche

Les fournitures

Blouse manches 3/4
147 x 147 cm de lin-chambray beige
70 x 25 cm de toile thermocollante
fil pour machine à coudre beige N° 60

Blouse manches courtes
147 x 143 cm de lin-vichy
70 x 25 cm de toile thermocollante
fil pour machine à coudre blanc N° 60

Divers conseils pour la réaliser ces blouses

➜ Poser la parementure sur le chemisier. Piquer en contournant la fente et cranter.
➜ Reprendre les explications (**page 38**) du chemisier à rayures (**modèle de la page 14**) pour le montage des manches.

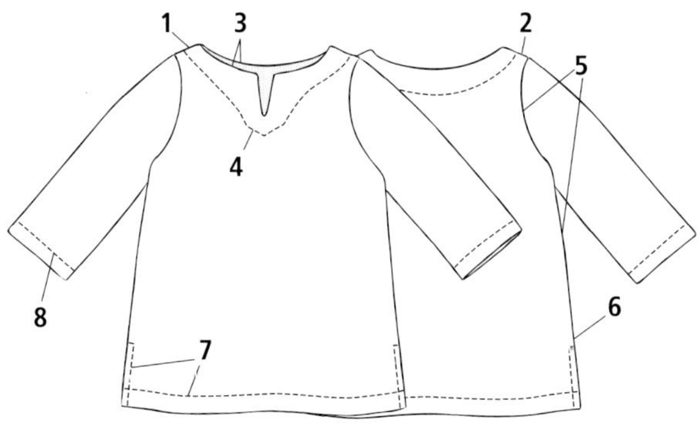

Les étapes de la réalisation

1. Piquer les coutures d'épaules des parementures-devant et dos en les plaçant endroit contre endroit. Rabattre la couture sur le devant. Plier le bord de la parementure sur 1cm.
2. Piquer les coutures d'épaules du devant et du dos en les plaçant endroit contre endroit. Surfiler ensemble les deux coutures. Rabattre sur le dos.
3. Poser la blouse et la parementure endroit contre endroit. Piquer l'encolure. Cranter l'encolure en faisant des crans rapprochés. Couper la fente en forme de «Y». **A**
4. Retourner la parementure à l'endroit et surpiquer au bord pour la fixer à la blouse.
5. Monter les manches. Piquer la couture inférieure de la manche et celle du côté jusqu'à la fente.**(voir page 40, paragraphes 5, 1 et 2)**
6. Terminer, en suivant le schéma, les coutures du bas des manches et des côtés. **B**
7. Plier l'ourlet en trois 1 cm / 3 cm et piquer. Plier la couture de la fente en trois 1 cm / 1cm et piquer. **C**
8. Plier l'ourlet de la manche en trois 1 cm / 3 cm et piquer.

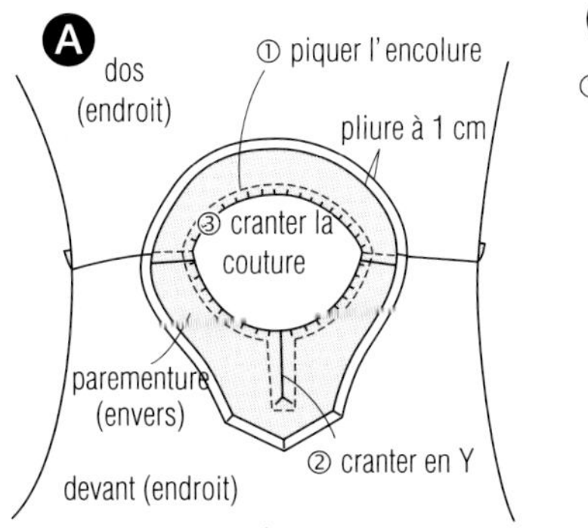

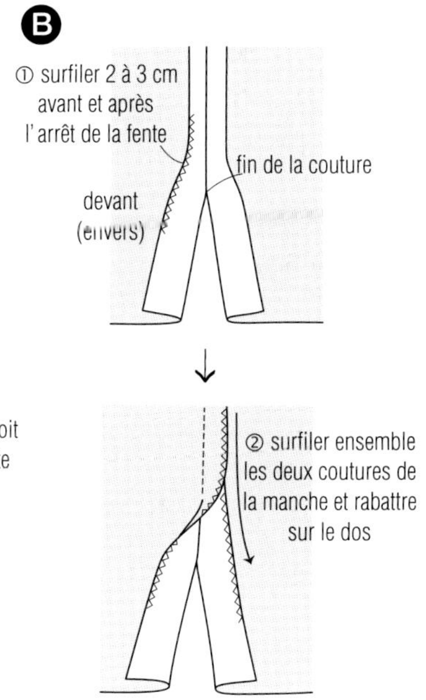

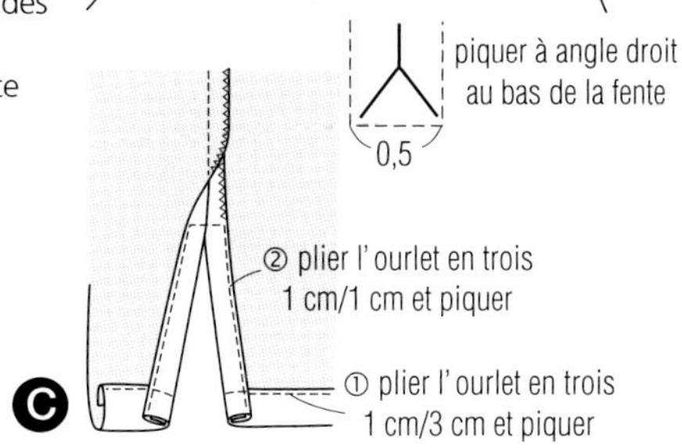

Les sacs

Modèle de la page 12, deux tailles (grand et petit)

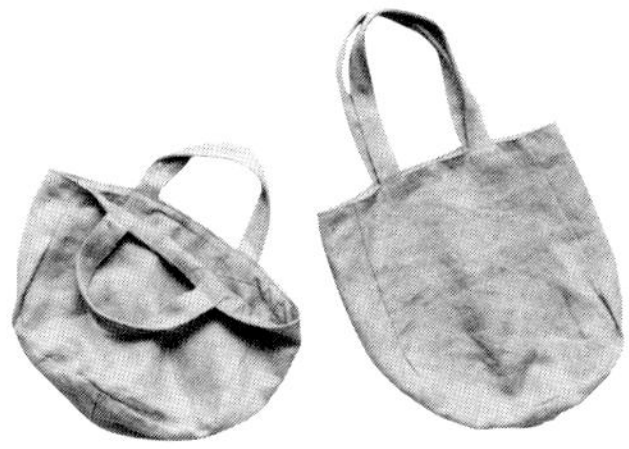

	grand	petit
largeur	56	62
hauteur	40	27
profondeur	13	13

Les fournitures

Grand modèle
137 x 65 cm de lin pour le sac
137 x 70 cm de coton à rayures pour la doublure
0,90 x 120 cm de ruban thermocollant type «Vlieseline»
fil pour machine à coudre beige N° 60
Petit modèle
137 x 45 cm de lin pour le sac
137 x 50 cm de coton à rayures pour la doublure
0,90 x 120 cm de ruban thermocollant type «Vlieseline»
fil pour machine à coudre beige N° 60

Les étapes de la réalisation

1. Confectionner les anses. **A**
2. Plier le bord de la poche en trois 1 cm / 1 cm. Piquer le pli. Appliquer la poche sur la doublure du fond du sac. **B**
3. Monter séparément le sac et la doublure du sac. Piquer les pinces. Assembler le fond et les cotés du sac. **C**-① à ③
4. Placer, endroit contre endroit, le sac et la doublure. Glisser les anses et piquer l'ouverture du sac. Rabattre la couture du sac et celle de doublure sur les côtés opposés pour éviter qu'elles ne se superposent. Ne pas piquer entre les pieds de l'une des anses. **C**-④
5. Retourner le sac à l'endroit. Rentrer le bord de l'ouverture de la doublure à 0,1 cm et piquer.

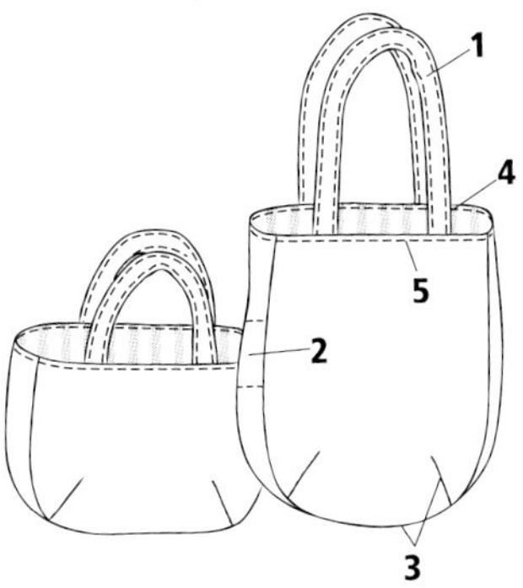

Le patron

*S'il y a deux chiffres, celui du haut concerne le **petit sac** et celui du bas concerne le **grand sac**.
*S'il n'y a qu'un chiffre, la mesure est commune aux deux sacs.

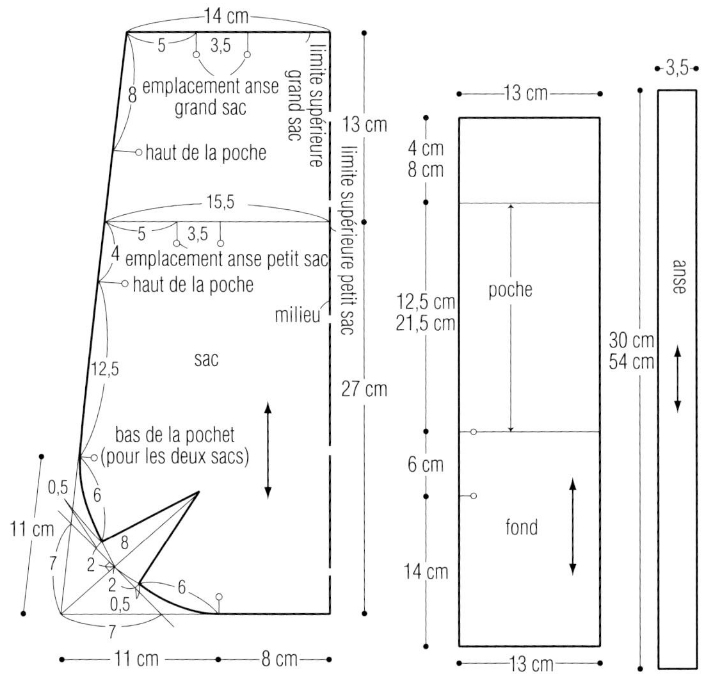

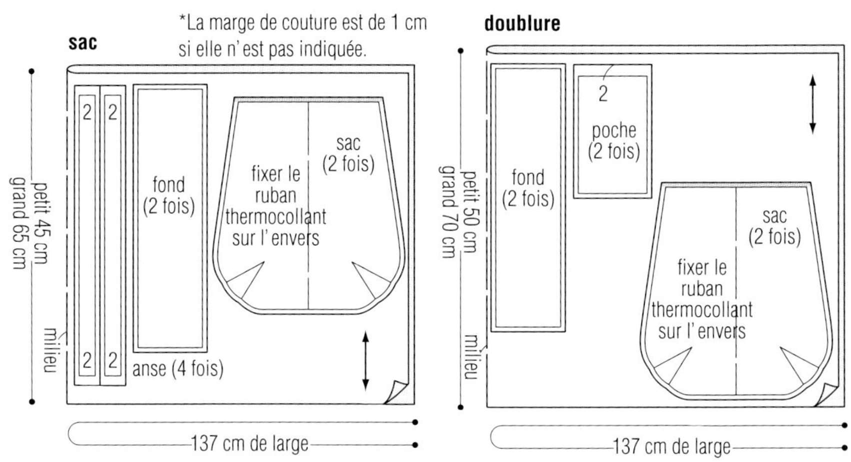

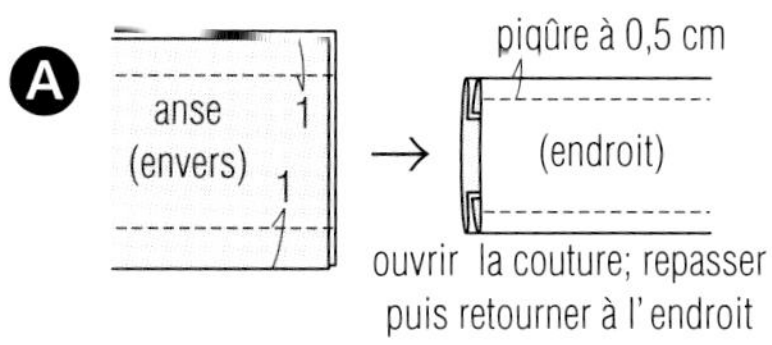

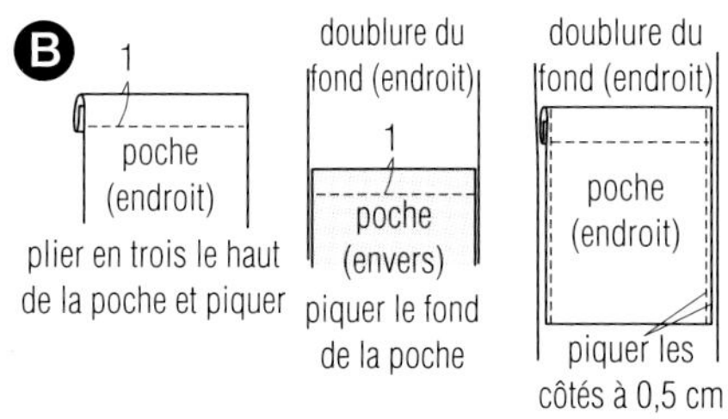

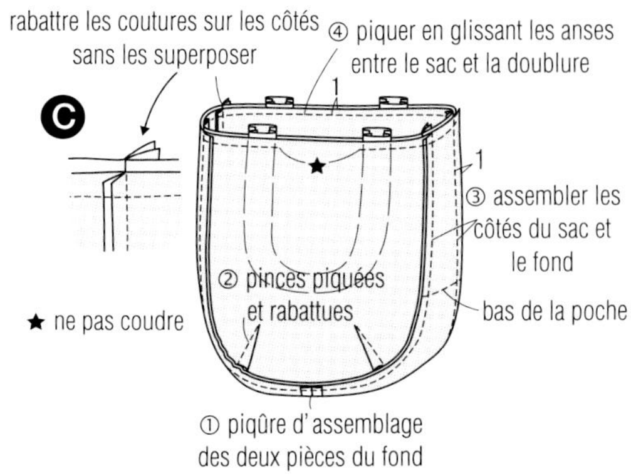

La jupe froncée

Modèle de la page 22 / taille unique (M-L)

tour de taille	132
longueur de la jupe	75

Plan de coupe

*La marge de couture est 1 cm si elle n'est pas indiquée.
*Fixer la toile thermocollante sur les parties grisées.

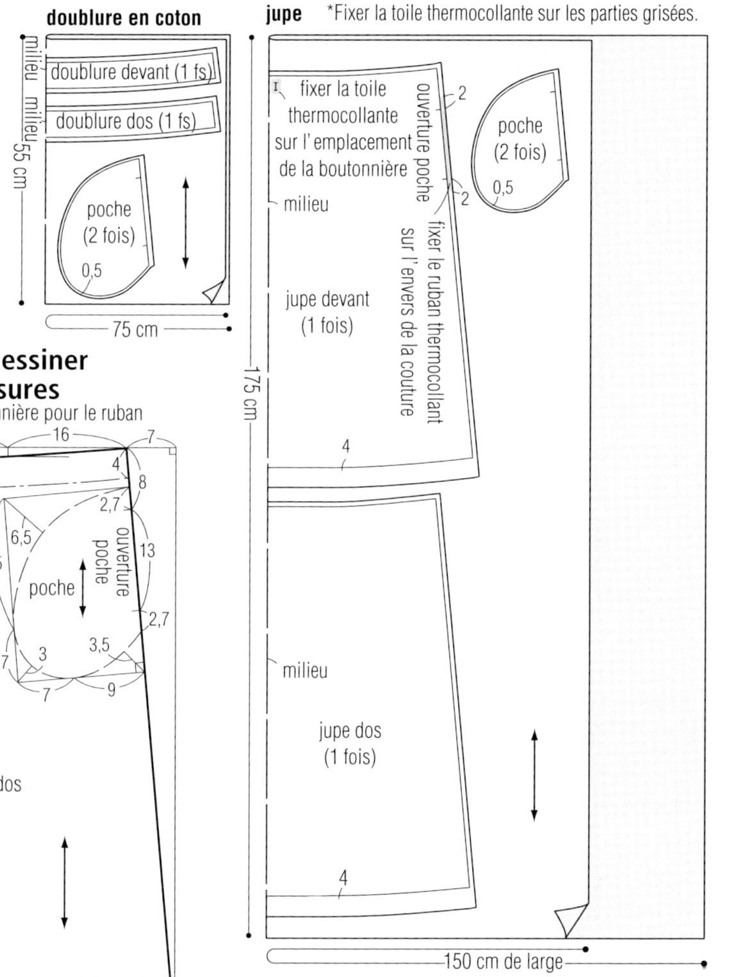

Le patron à dessiner selon ces mesures

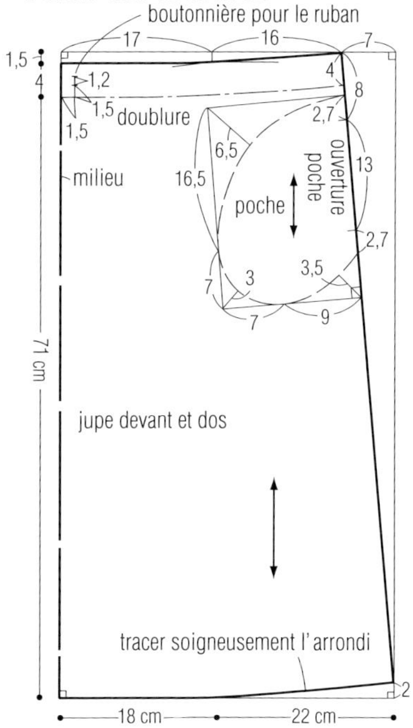

Les fournitures

150 x 175 cm de lin à rayures
75 x 55 cm de doublure de coton grise
150 cm de ruban en lin de1 cm de largeur
135 à 150 cm d'élastique plat de 0,8 cm de largeur(dur)
5 x 5 cm de toile thermocollante
0,90 x 35 cm de ruban thermocollant type «Vlieseline»
fil pour machine à coudre beige N° 60

Divers conseils pour réaliser cette jupe

➜ Réaliser trois coulisses à la taille. Faire passer l'élastique dans celles du haut et du bas et le ruban en lin au milieu.
➜ Ajuster la longueur d'élastique à la taille (65 cm pour ce modèle)
➜ Le modèle de la poche est celui de la «poche placée dans une couture» (**voir page 71 les explications de montage**)

Les etapes de la réalisation

1. Faire, à la machine, les boutonnières pour le passage du ruban en lin sur le devant de la jupe.
2. Monter la poche (**voir les explications page 71**). Piquer les coutures des côtés. Surfiler ensemble les deux coutures. Rabattre sur le dos.
3. Piquer les coutures des côtés de la doublure de la ceinture. Ne pas piquer les espaces pour le passage de l'élastique. Ouvrir la couture. Replier, au fer, le bas de la doublure sur 1 cm. **A**
4. Poser, endroit contre endroit, la jupe sur la doublure. Piquer la taille. **B**
5. Retourner la doublure à l'endroit. Piquer au bord du repli. Puis, piquer deux lignes parallèles pour former les coulisses. **C**
6. Plier l'ourlet en trois 1 cm / 3 cm et piquer.
7. Faire passer l'élastique. Superposer sur 1,5 cm les deux extrémités. Coudre au point arrière pour les fixer.
8. Faire passer le ruban en lin. Terminer les extrémités (risque d'effilochage). **D**

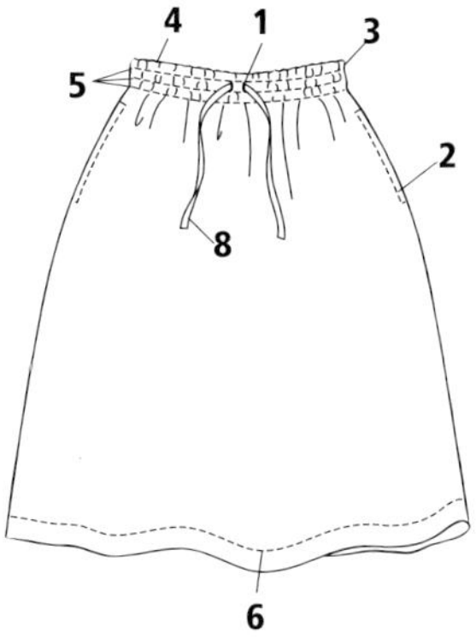

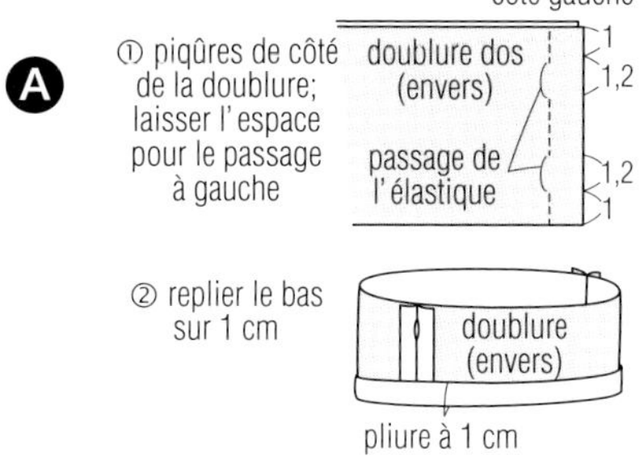

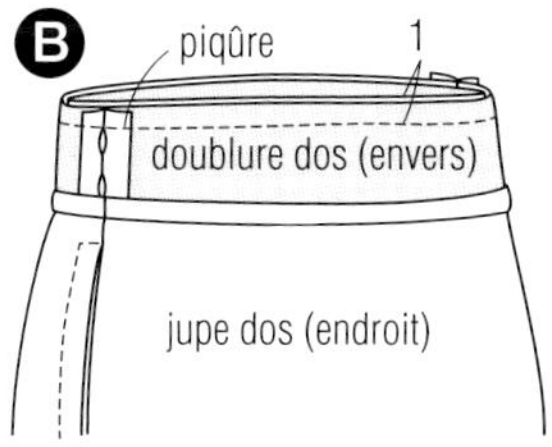

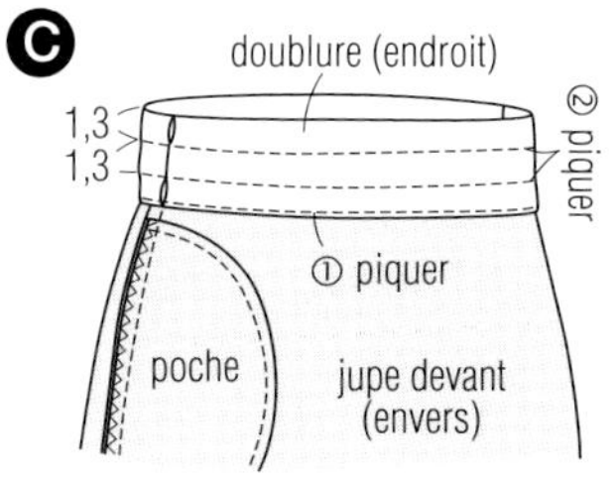

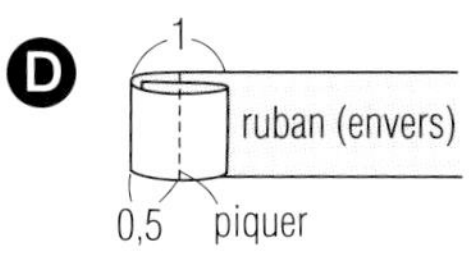

La jupe portefeuille écossaise

Modèle de la page 23 / tailles M et L, / ***Encart (face B 13)***

Longueur élastique	M	L
1ère coulisse	36.5	38.5
2e coulisse	37	39
3e coulisse	37.5	39.5
4e coulisse	38	40

Les étapes de la réalisation

Préparation

*Surfiler le bord de la parementure du devant et de la ceinture. Plier et repasser à 1cm. **A**
*Couper l'élastique à la longueur indiquée.
1. Piquer les pinces du devant de la jupe. Rabattre la couture vers le côté.
2. Assembler la parementure et le dos de la jupe. Faire passer 4 élastiques. Les fixer en piquant perpendiculairement à la machine. **B**
3. Assembler les parementures : un côté et une ceinture-devant (côté gauche, puis côté droit). Ouvrir la couture et piquer au bord. **C**
4. Poser, endroit contre endroit, la parementure devant sur le devant de la jupe. Piquer la couture de la taille et du devant. **D**
5. Glisser le dos de la jupe entre le devant et la parementure de la ceinture. Piquer la couture de côté. Surfiler la couture non cachée par la parementure dos. Rabattre sur le devant de la jupe. **E**
6. Plier l'ourlet en trois 1 cm / 3cm. Piquer **(explications page 50 paragraphe 9).**
7. Surpiquer les bords droit et gauche de la jupe à 1 cm.
8. Surpiquer au ras de la couture de la pince pour fixer la parementure à la jupe.
9. Faire les boutonnières et coudre les boutons.

Les pièces du patron

jupe devant, jupe dos, parementure devant, parementure de la ceinture, parementure dos

Les fournitures

150 x 180 cm de lin écossais
50 x 12 cm de doublure de coton noire
0,80 x 149 cm (M) ou 157 cm (L) d'élastique (souple)
90 x 80 cm de toile thermocollante noire
0,9 x 60 cm de ruban thermocollant type «Vlieseline»
3 boutons de 2 cm de diamètre
fil pour machine à coudre beige N° 60

Divers conseils pour réaliser cette jupe

➜ Veiller soigneusement aux raccords des lignes horizontales ainsi qu'à la symétrie du motif entre le devant et le dos de la jupe.
➜ Faire passer 4 élastiques à la taille dans la parementure dos.
➜ Pour le montage de la parementure dos, se reporter aux explications **(page 57)** de la jupe froncée
➜ Pour l'ourlet, se reporter aux explications **(page 50)** du chemisier blanc.

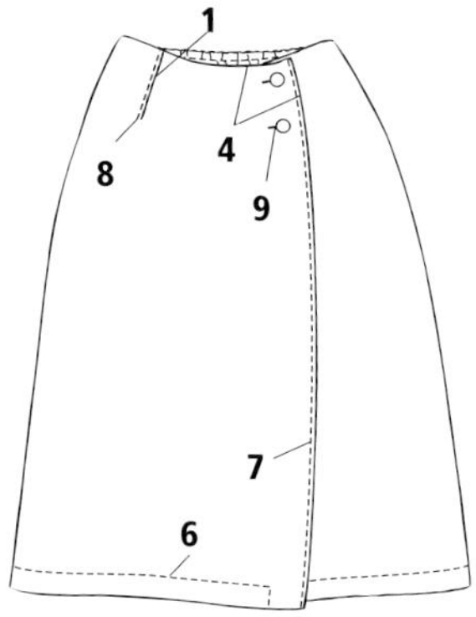

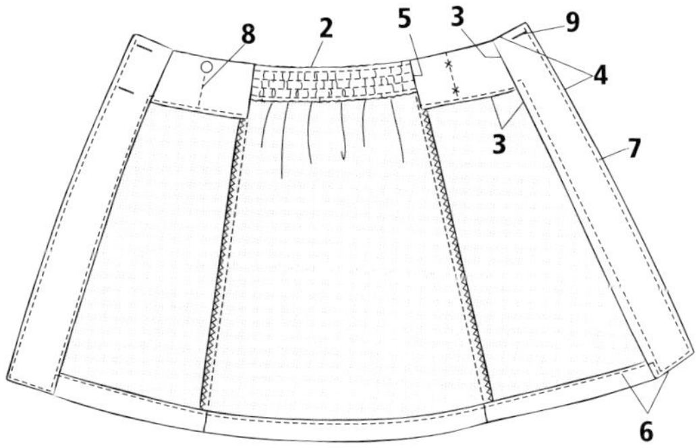

Plan de coupe

*La marge de couture est de 1 cm si elle n'est pas indiquée.
jupe *Fixer la toile thermocollante (partie grisée).

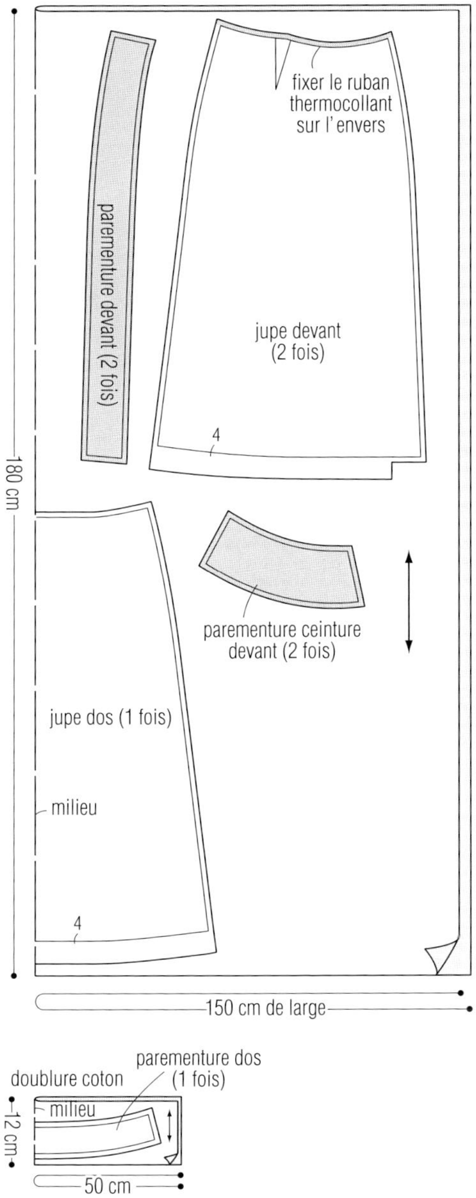

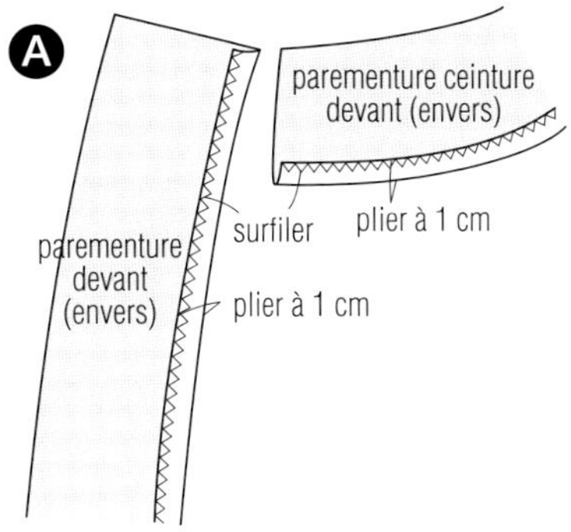

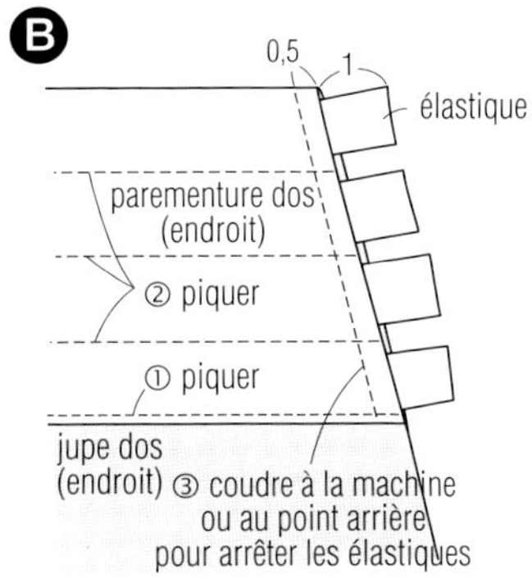

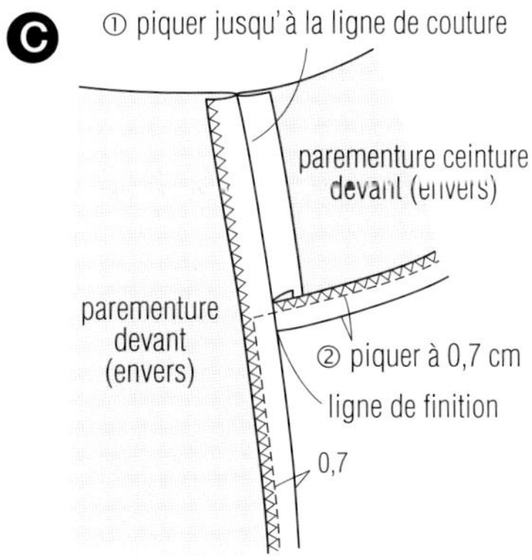

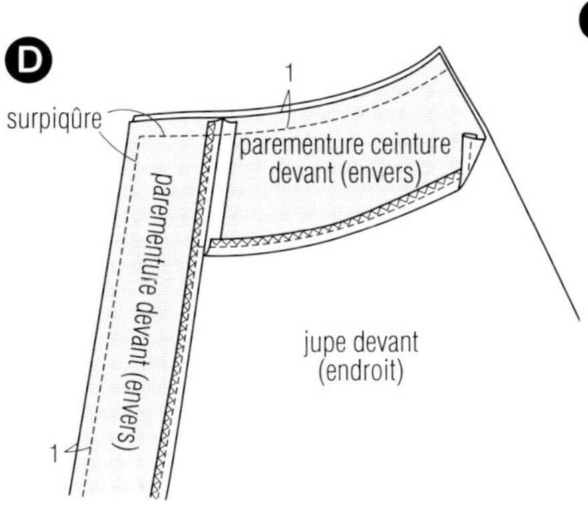

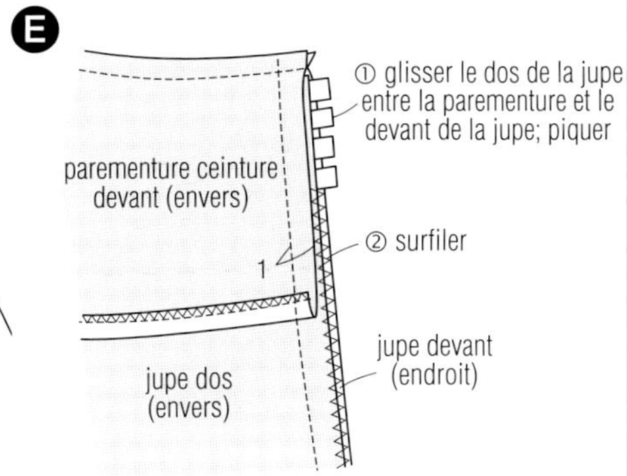

L'écharpe

Modèle de la page 23

largeur	51 à 73
longueur	195

Les fournitures (pour deux écharpes)

106 à 150 x 200 cm de tissu (environ)

Divers conseils pour réaliser cette écharpe

Un voile de lin double est recommandé comme choix de tissu.

Les étapes de la réalisation

1. Couper le tissu en deux dans la largeur
2. Faire une double piqûre à 2,5 cm. Tirer les fils de trame pour confectionner les franges.
3. Plier les bords en trois 0,5 cm / 0,5 cm et piquer.

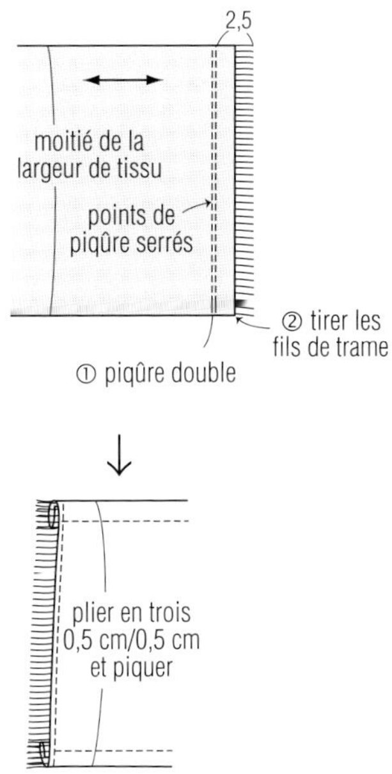

La salopette

Modèle de la page 24 / taille unique (M-L) / ***Encart (face B 14)***

tour de taille	97.4
tour de bassin	110.6
hauteur de bavette	28.5
longueur totale de la salopette	87.5
entrejambe	60

Les pièces du patron

bavette (même gabarit pour la doublure), pantalon devant, pantalon dos, parementure ceinture, poche dos, fond de poche, empiècement de hanche.

Les fournitures

140 x 210 cm de tissu oxford (mélange de coton et lin bleu marine)
60 x 45 cm de doublure de coton
155 à 170 cm d'élastique plat de 0,8 cm de large
65 x 5 cm de toile thermocollante
50 cm de ruban thermocollant type «Vlieseline» de 0,9 cm de large
4 boutons de 2,3 cm de diamètre
fil pour machine à coudre N° 30 bleu marine

Divers conseils pour réaliser cette salopette

➜ assembler la parementure ceinture et le dos du pantalon; faire passer les 4 élastiques.
➜ Ajuster la longueur de l'élastique à la taille. (36 cm pour ce modèle).
➜ Le montage de la poche avec «empiècement de hanche» est expliqué **page 71**. Les poches arrières sont montées comme celles du chemisier à rayures **(explications page 39).**
➜ Le tissu étant épais, utiliser un fil pour machine N° 30 et piquer avec un point large (4 points/cm).

Les étapes de la réalisation

1. confectionner les bretelles avec le tissu du pantalon. A
2. Plier le haut des poches arrière en trois 1 cm / 2,5 cm. Piquer le pli et appliquer sur les dos du pantalon **(voir page 39, paragraphe 3).**
3. confectionner les poches sur les devants du pantalon **(voir les explications page 71)**
4. Poser, endroit contre endroit, le devant gauche sur le devant droit du pantalon. Piquer le haut de l'entrejambe. Surfiler ensemble les deux coutures. Rabattre à droite. Surpiquer à 0,8 cm de la couture. Assembler l'arrière du pantalon de la même façon. Rabattre la couture à gauche. Surpiquer.
5. Piquer la couture du milieu de la bavette. Rabattre les deux coutures à gauche. Surpiquer à 0,8 cm de la couture.
Confectionner de la même façon la doublure de la bavette. Rabattre les coutures à droite. Surpiquer.
6. Poser, endroit contre endroit, la bavette sur le pantalon. Piquer la taille. Rabattre les deux coutures vers le haut. B -(1)
7. Placer, endroit contre endroit, la bavette et la doublure. Piquer le contour. Cranter l'angle droit. B -(2) et (3)
8. Assembler, endroit contre endroit, le dos du pantalon et la parementure de la ceinture.
9. Poser, endroit contre endroit, le devant du pantalon sur le dos. Piquer les coutures intérieures des jambes. Surfiler ensemble les deux coutures. Rabattre sur le devant et surpiquer l'entrejambe. C
10. Surfiler le bas du pantalon.
11. Piquer les coutures de côtés du pantalon dos et devant en relevant la bavette et la parementure dans l'alignement des côtés (bien observer le schéma). D
12. Replier les bords de la bavette et de la parementure à 1 cm. Repasser et piquer. E -(1)
13. Faire trois piqûres parallèles sur la parementure arrière. La piqûre du haut se prolonge sur la bavette. E -(2) et (3)
14. Découdre la piqûre des côtés au niveau de la taille. Faire passer 4 élastiques et les fixer par une piqûre perpendiculaire. F
15. Replier l'ourlet (5 cm) et piquer.
16. Coudre les boutons sur les bretelles et sur la parementure. Faire les boutonnières sur les bretelles et la bavette (ajuster leurs emplacements). G

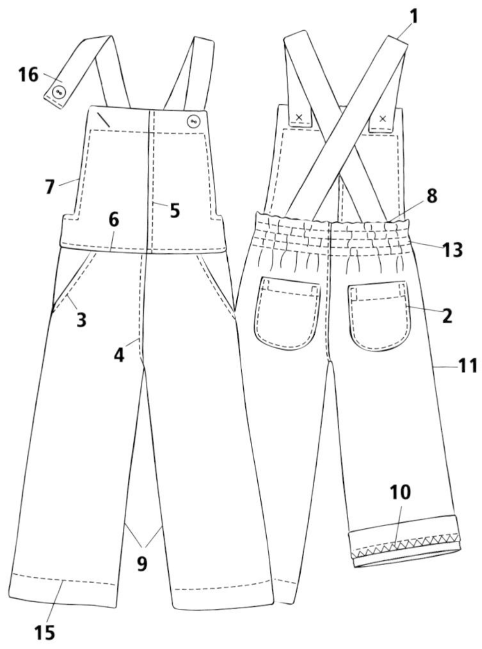

Plan de coupe

*La marge de couture est de 1 cm si elle n' est pas indiquée.
*Fixer la toile thermocollante (partie grisée)

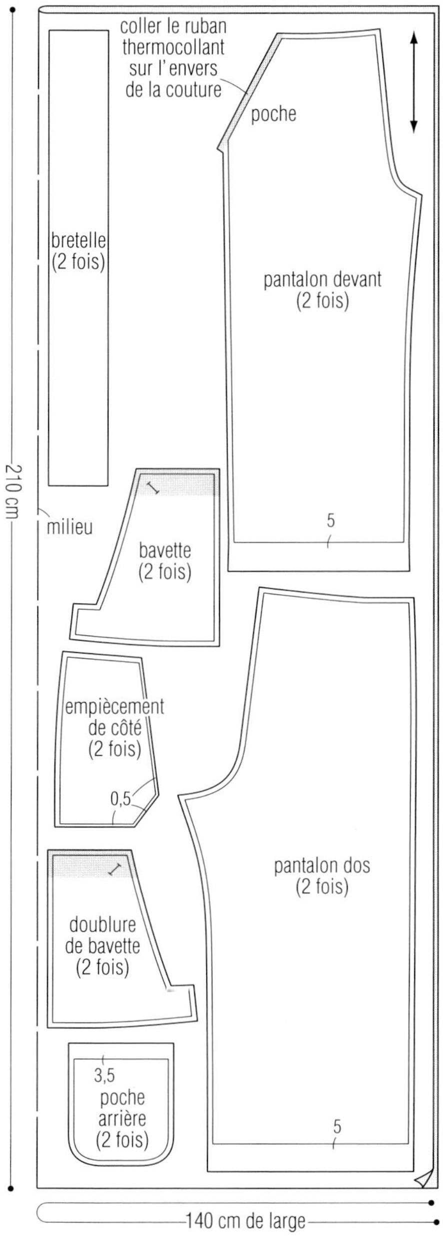

gabarit de bretelle

*La marge de couture est comprise

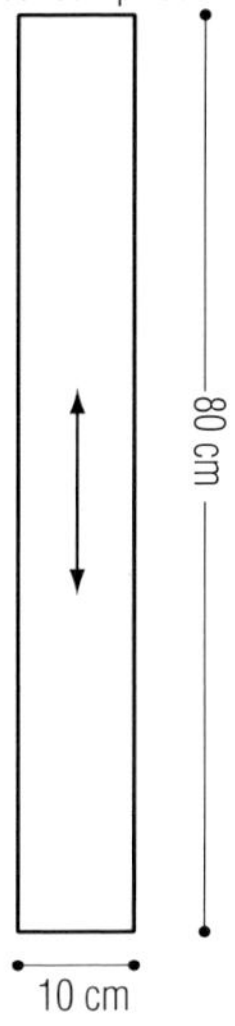

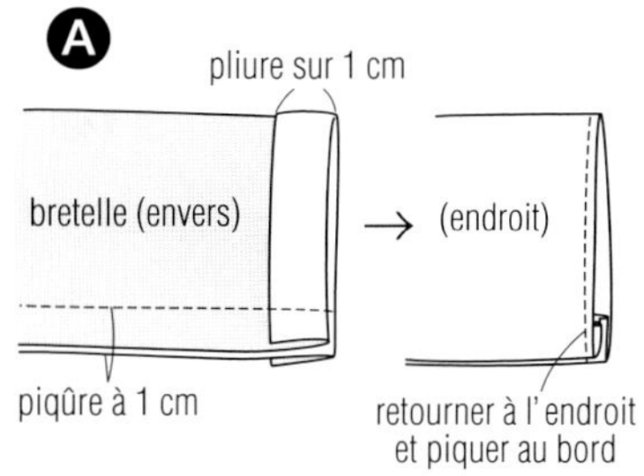

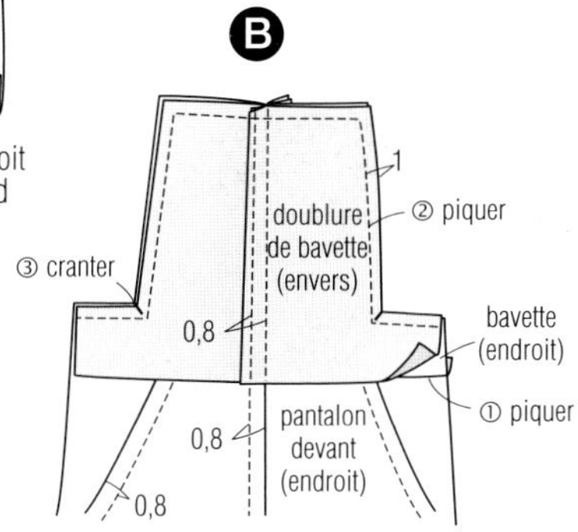

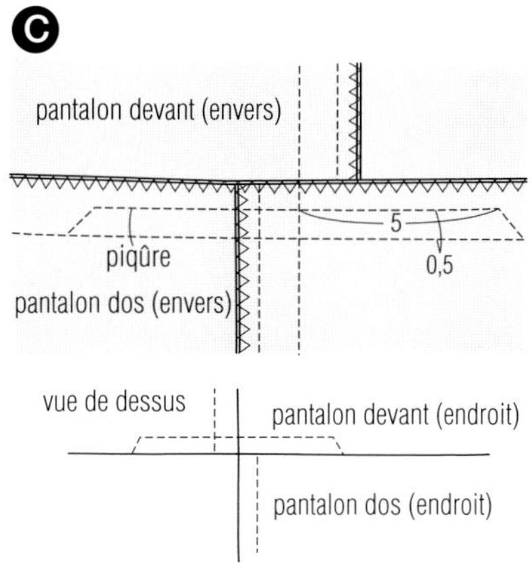

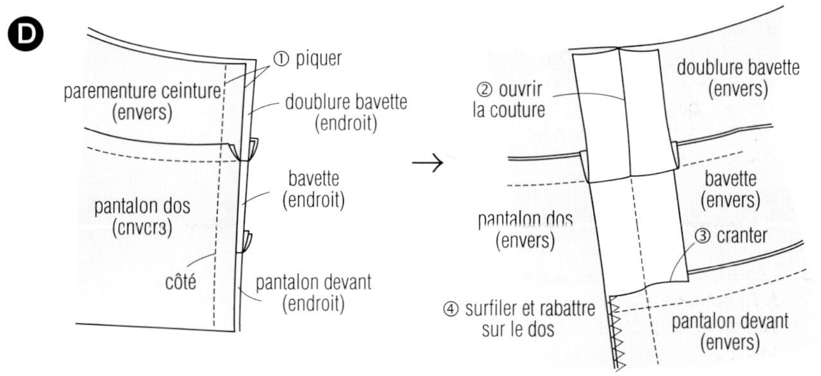

doublure de coton

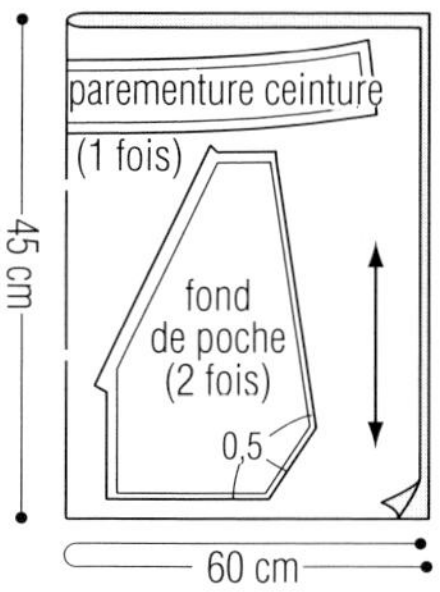

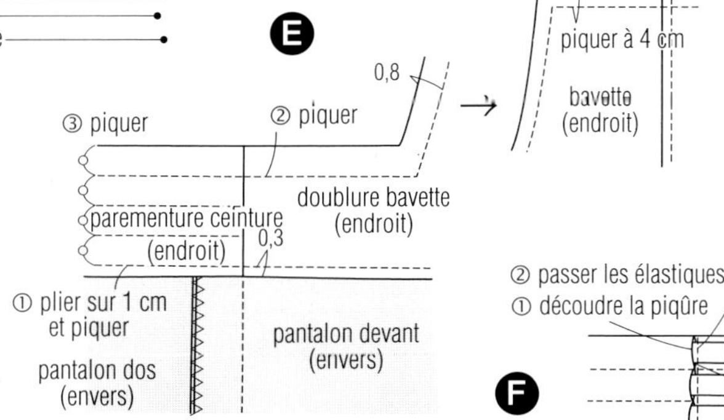

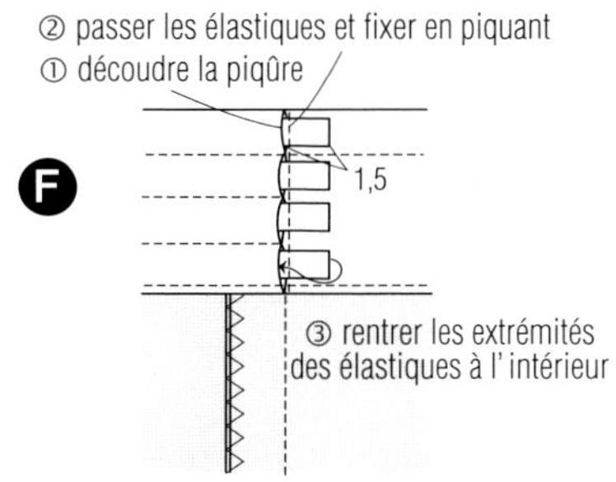

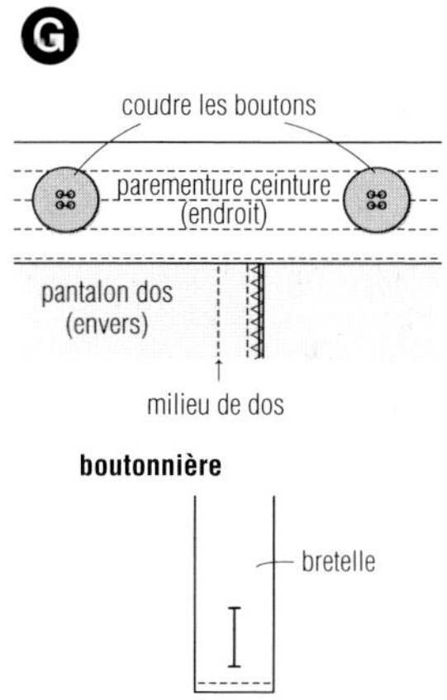

Le pantalon large

Modèle de la page 24 / taille unique (M-L) / ***Encart (face B 15)***

tour de taille	95.6
tour de bassin	110
longueur du pantalon	89

Les pièces du patron

devant, dos, poche

Les fournitures

126 x 210 cm de tissu de coton et lin mélangés
50 x 30 cm de doublure de coton
135 à 150 cm d'élastique (souple) de 0,8 cm de large
5 x 5 cm de toile thermocollante
40 cm de ruban thermocollant type «Vlieseline» de 0,9 cm de large
fil pour machine à coudre N° 60

Divers conseils pour réaliser ce pantalon

➜ Réaliser trois coulisses à la taille. Passer l'élastique dans celles du haut et du bas. La ceinture, faite dans le tissu du pantalon, passe dans celle du milieu.
➜ Ajuster la longueur de l'élastique à la taille **(65 cm pour ce modèle).**
➜ Pour l'assemblage de l'entrejambe, voir les explications de la salopette **(modèle page 24, explications page 60)**

Les étapes de la réalisation

1. Confectionner la ceinture avec le tissu du pantalon **(voir page 42, paragraphe 1)**
2. Monter les poches sur le devant du pantalon **(reprendre, page 71, les explications du montage de la poche de hanche)**
3. Piquer le haut de l'entrejambe du devant et du dos du pantalon **(suivre les explications, page 60, étape 4)**. Rabattre la couture du devant à gauche et du dos à droite.
4. Faire la boutonnière pour le passage de la ceinture.
5. Piquer les coutures intérieures de chaque jambe. Surpiquer la couture du haut de l'entrejambe **(voir page 60, étape 9)**
6. Poser, endroit contre endroit, le dos et le devant du pantalon. Piquer le côté droit. Surfiler ensemble les deux coutures. Rabattre sur le dos. Faire un point d'arrêt à la machine aux extrémités de la poche. **A**
7. Piquer le côté gauche de la même manière. Piquer avec un point plus large au niveau de la ceinture. Faire un point d'arrêt à la taille. **B**
8. Cranter la couture du côté gauche. Ouvrir la couture et faire un point d'arrêt à la machine. Surfiler ensemble les coutures sous la ceinture. Rabattre sur le dos. **C**
9. Faire un point d'arrêt à la machine aux deux extrémités de la poche. **A**
10. Plier le bord de la taille en trois 1 cm / 4 cm et faire trois piqûres parallèles. Découdre soigneusement la couture du côté gauche. Préparer ainsi les passages pour l'élastique. **D**
11. Plier l'ourlet en trois 1 cm / 3 cm et piquer.
12. Faire passer deux élastiques dans les coulisses du haut et du bas. Faire chevaucher les extrémités sur 1,5 cm. Les fixer au point arrière. **E**.
Passer la ceinture dans la coulisse

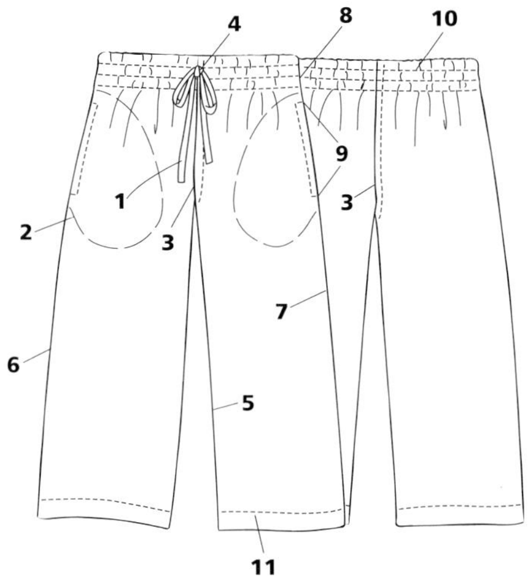

A

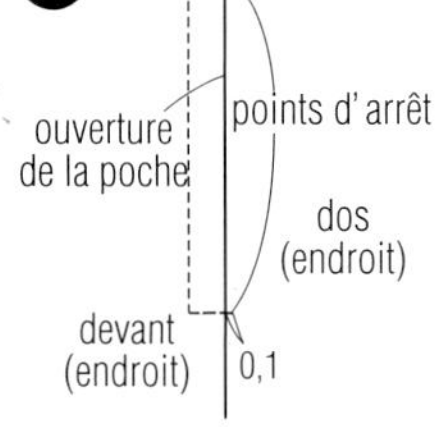

B

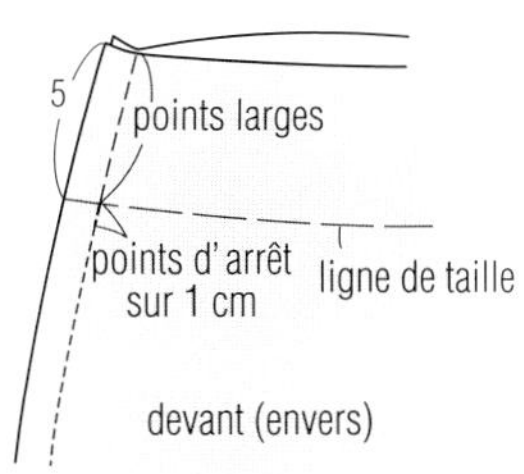

C

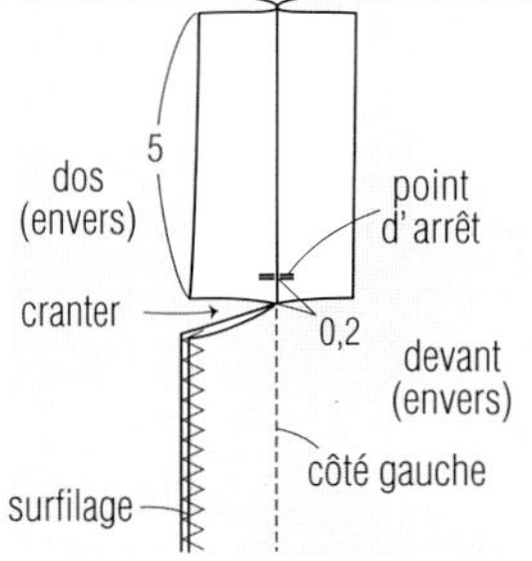

D

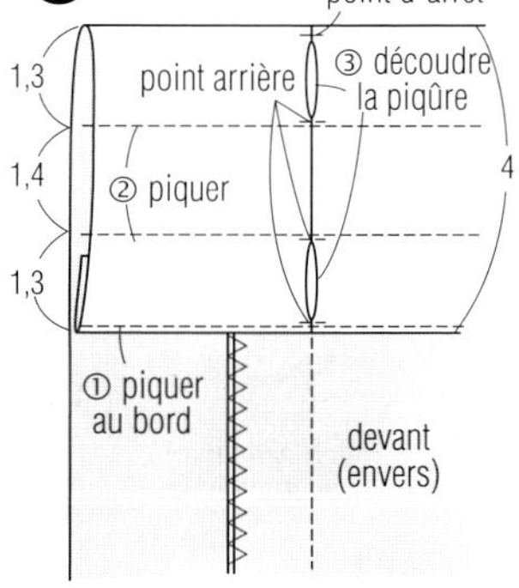

E

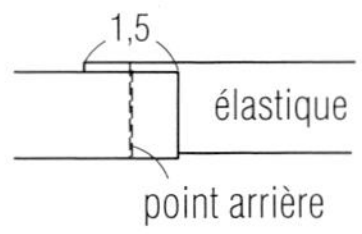

Plan de coupe

*La marge de couture est de 1 cm si elle n'est pas indiquée.
*Fixer la toile thermocollante sur la partie grisée.

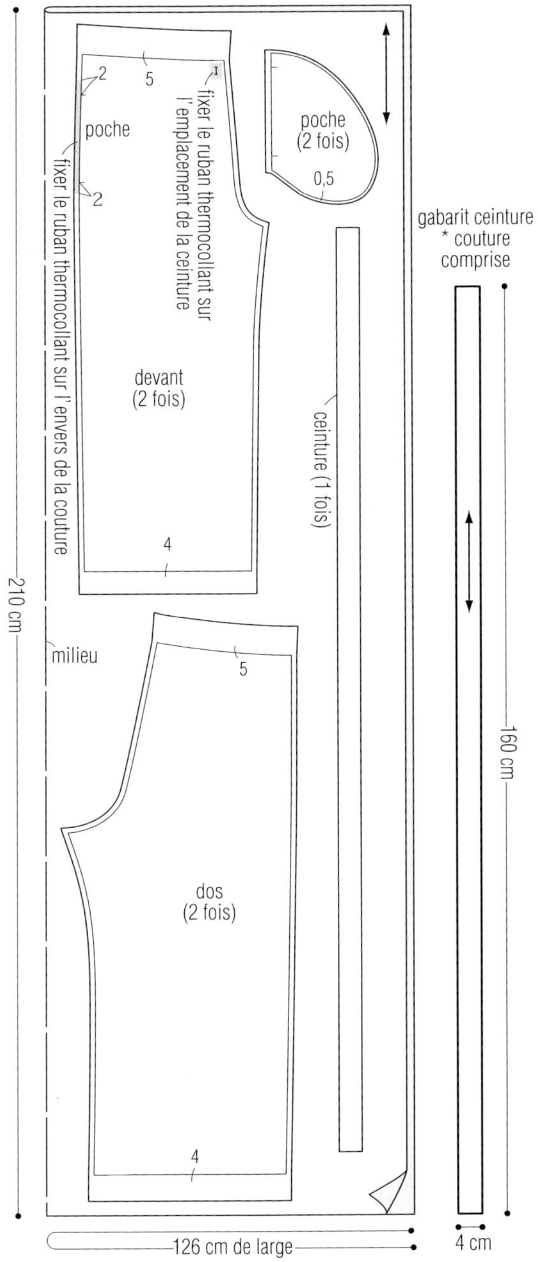

doublure

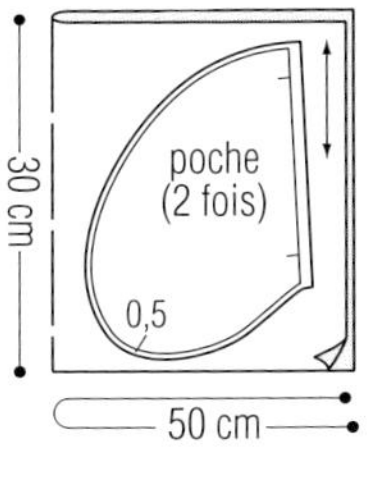

Les pettipants

Modèle de la page 24 / taille unique (M-L) / ***Encart (face A 16)***

	adulte	enfant
tour de taille	97	63
tour de bassin	110	73.6
longueur de pantalon	75	53.5

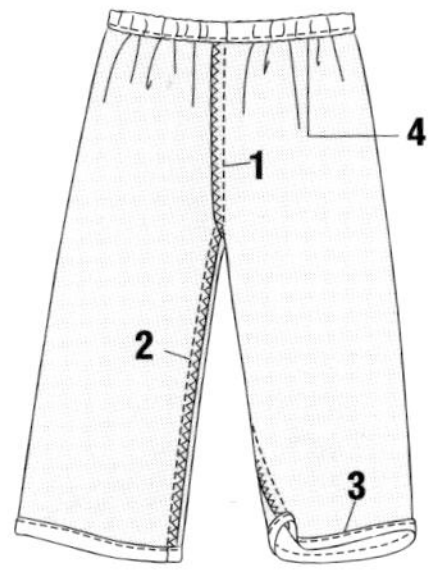

Les pièces de patron

jambe

Les fournitures

120 x 210 cm pour la **taille adulte** de batiste de Lawn
120 x 65 cm pour la **taille enfant** de batiste de Lawn
67 à 75 cm d'élastique (souple) de 1,2 cm de large pour la **taille adulte**
56 cm (environ) d'élastique (souple) de 1,2 cm de large pour la **taille enfant**
fil pour machine à coudre blanc N° 60

Divers conseils pour réaliser ces pettitpants

➜ Ajuster la longueur de l'élastique selon la taille. (65 cm pour la **taille adulte** et 54 cm pour la **taille enfant** pour ce modèle).
➜ Il n'y a pas de coutures de côté. Pour l'assemblage de l'entrejambe, voir les explications de la salopette (**modèle page 24, explications page 60**).

Les étapes de la réalisation

1. Piquer, endroit contre endroit, les coutures du haut de l'entrejambe **(page 60, paragraphe 4)**. Rabattre la couture sur le devant à gauche et sur le dos à droite.
2. Piquer les coutures intérieures de chaque jambe **(voir page 60-paragraphe 9)**. Surfiler ensemble les deux coutures. Rabattre vers le devant.
3. Plier l'ourlet en trois 1 cm / 1 cm et piquer.
4. Plier le haut du pantalon en trois 1 cm / 1,5 cm et piquer. Laisser dans le dos un passage pour l'élastique **(Voir le schéma.).**
5. Faire passer l'élastique dans la coulisse. Faire chevaucher les extrémités sur 1,5 cm. Les fixer au point arrière.

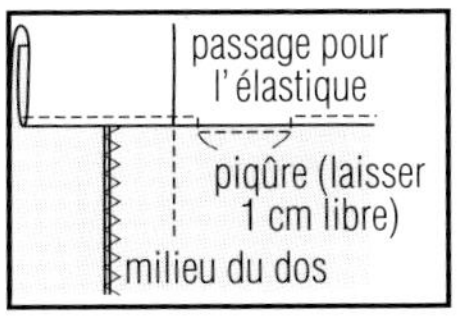

enfant

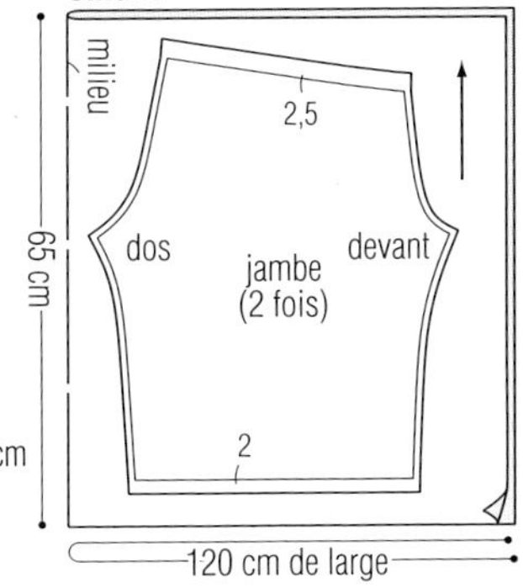

*La marge de couture est de 1 cm si elle n'est pas indiquée.
*Placer le patron en respectant le sens du motif.

adulte

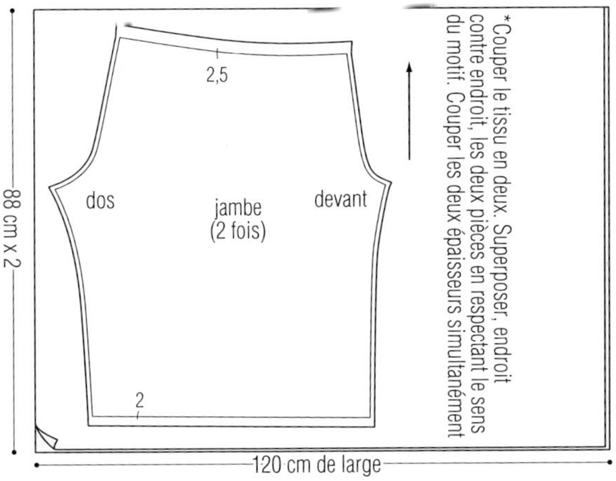

Le jupon

Modèle de la page 28 / taille unique (M-L)

tour de taille	100
longueur du jupon	66

Les fournitures

130 x 165 cm de batiste de Lawn
67 à 75 cm d'élastique (souple) de 1,2 cm de large
fil pour machine à coudre blanc N° 60

Divers conseils pour réaliser de ce jupon

➜ Ajuster la longueur de l'élastique à la taille (65 cm pour ce modèle).
➜ Pour la confection du passage pour l'élastique, **voir les explications page 63**, des pettipants.
➜ Pour les fronces, **voir les explications page 35**, de la jupe froncée.

Les étapes de la réalisation

1. Piquer les coutures de côtés en plaçant le dos et le devant endroit contre endroit. Surfiler ensemble les deux coutures ensemble. Rabattre vers l'arrière.
2. Surfiler les côtés du volant. Piquer les coutures de côtés en plaçant les pièces endroit contre endroit. Ouvrir la couture.
3. Froncer le haut du volant **(voir les explications page 36, paragraphe 1).**
4. Assembler le jupon et le volant endroit contre endroit. Surfiler ensemble les deux coutures. Rabattre vers le haut.
5. Plier l'ourlet en trois 2 cm / 2 cm et piquer.
6. Plier la taille en trois 1 cm / 1,5 cm et piquer. Laisser un passage pour l'élastique dans le dos **(explication page 63, paragraphe 4).**
7. Faire passer l'élastique dans la coulisse. Faire chevaucher les extrémités sur 1,5 cm. Les fixer au point arrière.

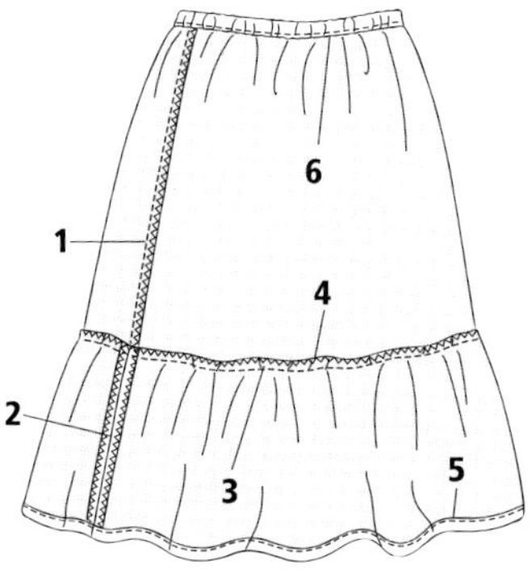

Plan de coupe

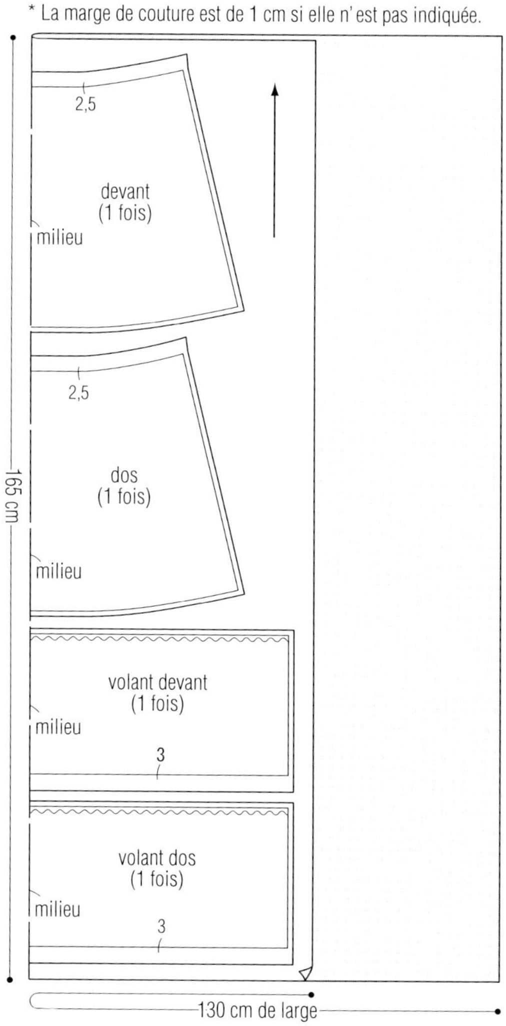

Patron à dessiner selon ces mesures

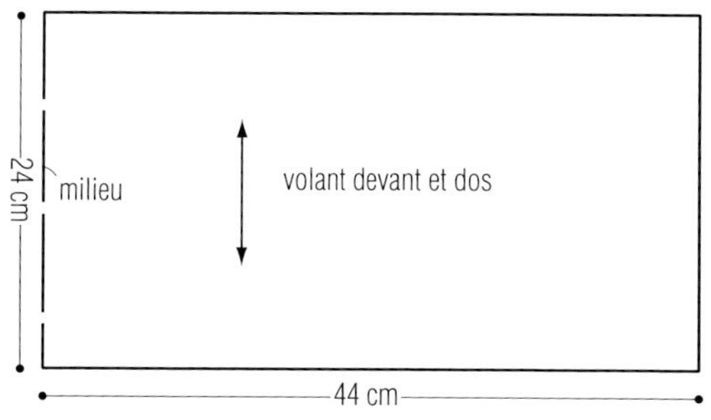

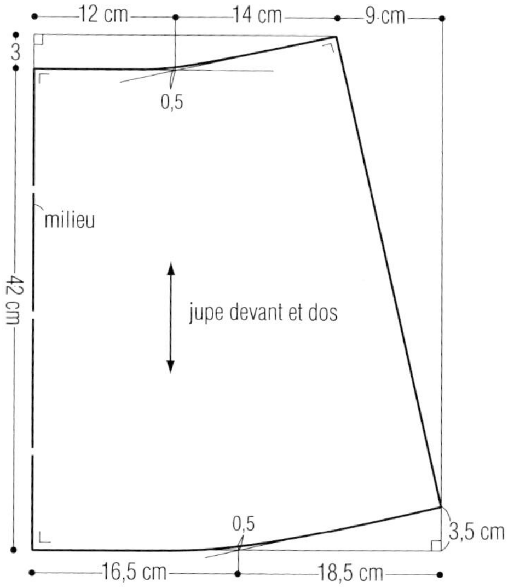

Le débardeur et le caleçon flou

Modèles de la page 29 / tailles M et L pour le débardeur, taille unique pour le caleçon (M-L) / ***Encart*** *(**face A 17**) pour le débardeur, (**face A 16**) pour le caleçon*

mesures du débardeur terminé	M	L
tour de poitrine	97	101
longueur du débardeur	42	43.5

mesures du caleçon terminé	
tour de taille	97
hauteur du caleçon	30

Les pièces du patron

devant, dos, encolure devant, encolure dos, bretelle devant, bretelle dos, caleçon

Les fournitures

110 x 190 cm de batiste de Lawn imprimée
90 x 40 cm de toile thermocollante
67 à 75 cm d'élastique de1,2 cm de large
fil pour machine à coudre blanc N° 60

Divers conseils pour réaliser cet ensemble

➜ Pour les fronces du débardeur, suivre **les explications page 35** de la robe froncée.
➜ Pour la réalisation du caleçon, suivre **les explications des pettipants page 63**.

Les étapes de la réalisation

Préparation
*Plier sur 1 cm un des bords de l'encolure **(dos et devant)**
1. Poser, endroit contre endroit, le dos sur le devant des 4 pièces des bretelles. Piquer la couture d'épaule et de côté. (A)
2. Assembler les pièces de bretelle deux par deux en piquant la couture d'emmanchure. Cranter la couture et plier le bord à 1 cm. Repasser (B).
3. Froncer le devant **(explications page 36, paragraphe 3-1)**
4. Poser l'endroit de la pièce d'encolure devant sur l'envers du devant, piquer à 1 cm du bord. Recouvrir la couture en retournant la pièce d'encolure. Surpiquer le bord. Assembler le dos de la même façon (C).
5. Assembler le devant et le dos en piquant les coutures des côtés. Surfiler ensemble les deux coutures. Rabattre sur le dos.
6. Plier l'ourlet en trois 1 cm / 2 cm et piquer.
7. Superposer le débardeur et les bretelles endroit contre endroit. Piquer. Retourner la bretelle à l'endroit et surpiquer le bord. Continuer à piquer le pourtour de la bretelle (D).

Plan de coupe

*La marge de couture et de 1cm si elle n' est pas indiquée.
*Fixer la toile thermocollante sur la partie grisée.
*Placer le patron en respectant le sens du motif du tissu.

caleçon

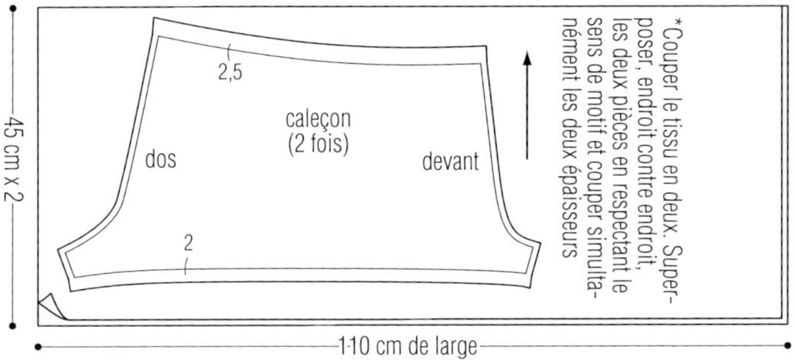

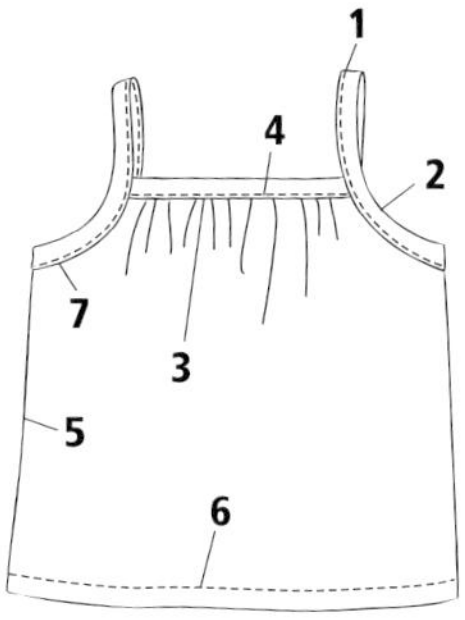

débardeur

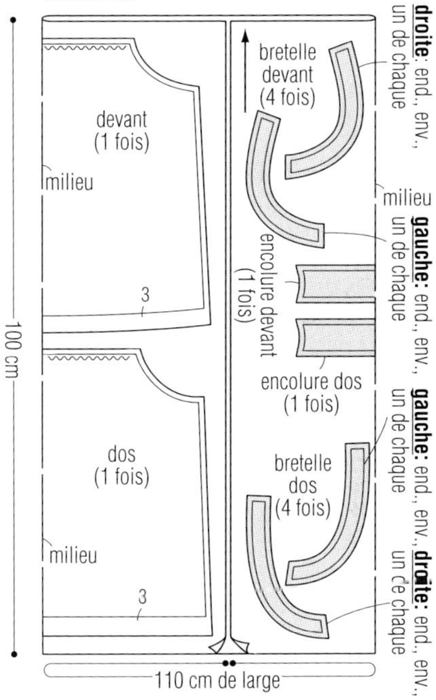

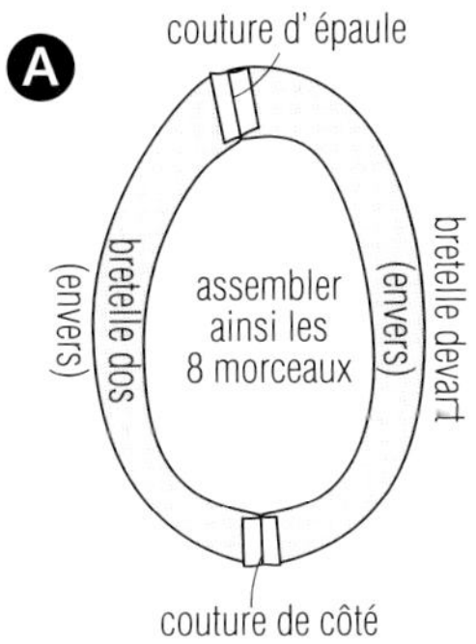

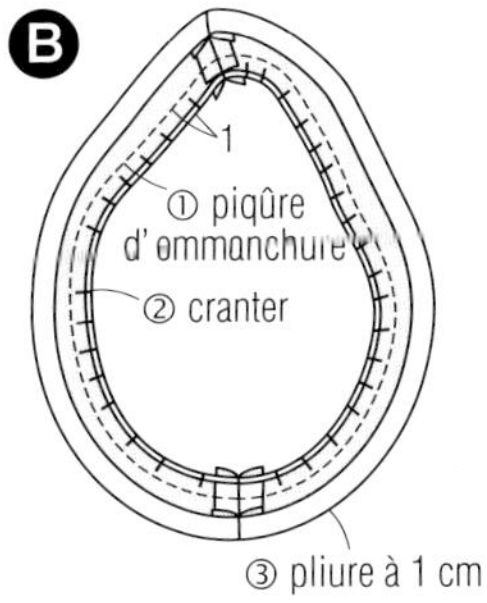

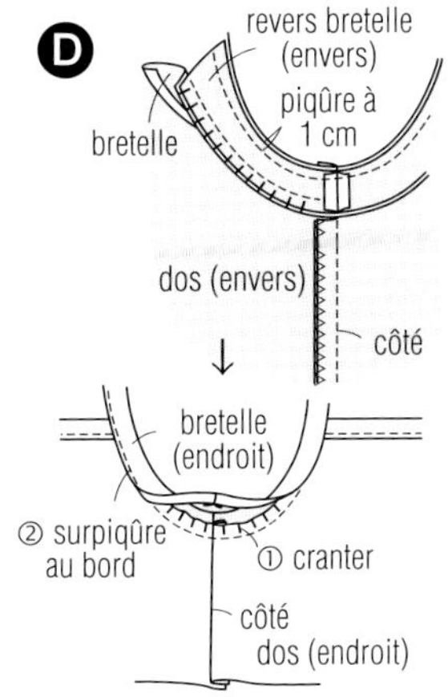

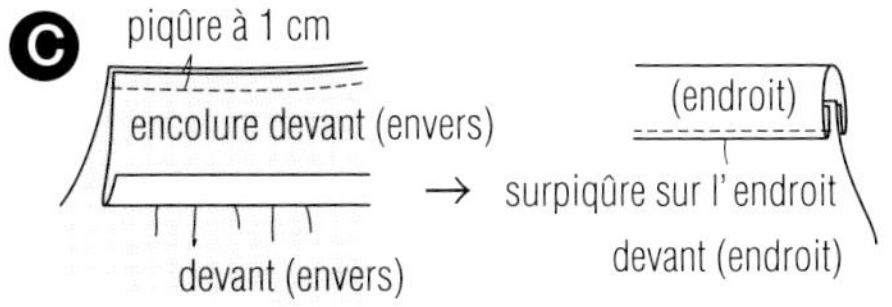

Les chaussons

Modèle de la page 29 / taille unique (23 à 24,5cm) / ***Encart (face B 18)***

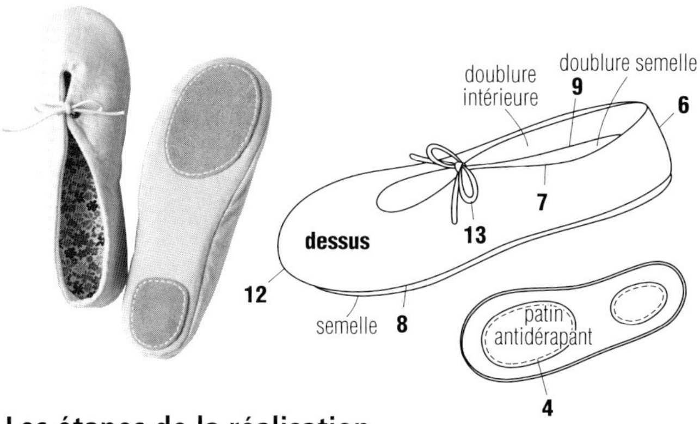

Les étapes de la réalisation

1. Découper les pièces de patins antidérapants. Percer en suivant le patron, des trous de 0,9 mm de diamètre en utilisant un poinçon.
2. Pour la doublure intérieure, coller le tissu éponge sur la flanelle en utilisant de la colle en bombe. Pour la doublure de la semelle, coller soigneusement le tissu de coton imprimé sur la flanelle de la même manière. Prendre soin de mettre peu de colle.
3. Reporter les contours du patron du chausson, de la doublure intérieure, de la semelle et de sa doublure au stylobille sur la toile thermocollante. Découper approximativement. Coller la toile collante sur chaque pièce et découper ensemble les deux épaisseurs.
4. Coller les patins de cuir sur la semelle avec de la colle à bois. (Ne pas mettre de colle dans les trous !). Mettre la colle légèrement. Après le séchage, Coudre au point arrière en passant dans les trous avec un fil de lin spécial pour le cuir. **A**
5. Superposer deux épaisseurs de feutre. Dessiner la forme de la semelle. Couper.
Piquer le contour sauf à l'emplacement des orteils. Faire deux piqûres dans la longueur (contours de la règle qui sera utilisée ensuite pour glisser le feutre entre la semelle et sa doublure). **B**
6. Piquer, endroit contre endroit, la couture arrière du chausson ainsi que celle de la doublure intérieure (couture : 1 cm).
7. Poser, endroit contre endroit, le chausson sur la doublure intérieure. Piquer l'ouverture (c'est-à-dire le côté opposé à la semelle). Faire une couture de 0,5 cm. Cranter la couture au niveau de la fente. Retourner. **C**
8. Piquer ensemble le chausson et la semelle (couture : 0,5 cm). Bien piquer en suivant les numéros afin d'éviter que les pièces ne se décalent l'une par rapport à l'autre. **D**
9. Poser la doublure intérieure sur le chausson et coudre comme à l'étape 8. Ne pas coudre sur 15 cm au niveau des orteils. **E**
10. Pour mettre la doublure de la semelle à l'endroit, tirer le chausson par l'ouverture des orteils.
11. Glisser l'intérieur en feutre entre la semelle et sa doublure en utilisant une règle. **F**
12. Fermer l'ouverture au point d'ourlet. **G**
13. Retourner le chausson à l'endroit. Fixer les œillets et passer la cordelière.

Les pièces du patron

dessus de chausson, doublure intérieure, semelle et sa doublure (même gabarit), patin antidérapant en cuir, intérieur en feutre de la semelle

Les fournitures

47 x 30 cm de toile en coton et lin mélangés pour le chausson
47 x 30 cm d'éponge ivoire pour la doublure
23 x 37 cm de coton imprimé pour la doublure de la semelle
70 x 30 cm de flanelle pour la doublure du chausson et de la semelle
90 x 60 cm de toile thermocollante (fine et non tissée)
16 x 20 cm de daim pour les patins antidérapants
23 x 30 cm de coton denim souple beige
38 x 28 cm de feutre de 3 mm d'épaisseur pour l'intérieur de la semelle
4,5 m environ de fil écru spécial couture-cuir
4 paires d'œillets de 5 mm de diamètre
70 cm de cordelière ronde, blanc cassé, de 3 mm de diamètre
Fil pour machine à coudre blanc N° 60
1 aiguille à coudre le cuir ou à broder, colle en bombe, colle à bois
Outils divers : poinçon, marteau, règle de 30 cm

Divers conseils pour la réaliser ces chaussons

→ Les marges de couture sont comprises dans le patron.
→ Les dimensions des coutures, si nécessaire, sont indiquées dans les explications.
→ Avant de coudre les patins antidérapants, faire des pré-trous avec un poinçon.

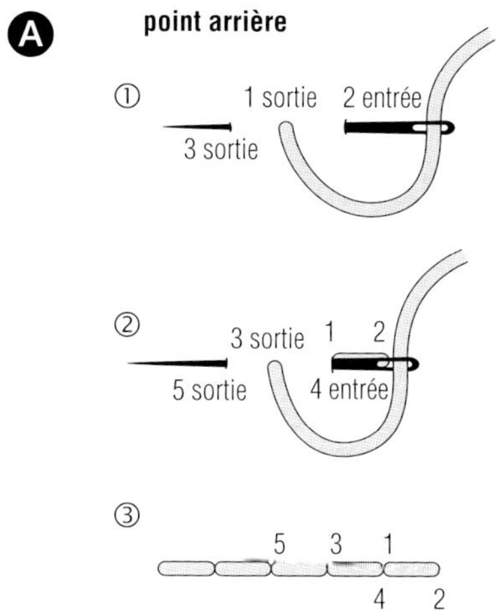

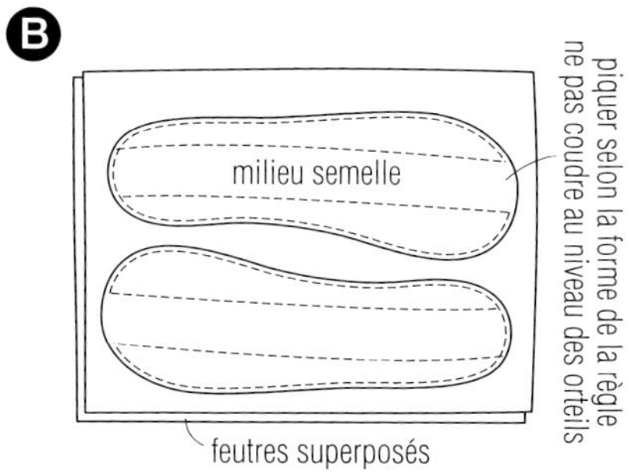

Plan de coupe

* Fixer la toile thermocollante sur la partie grisée.
* La marge de couture est comprise dans le patron.

extérieur (toile de lin et coton mélangé)

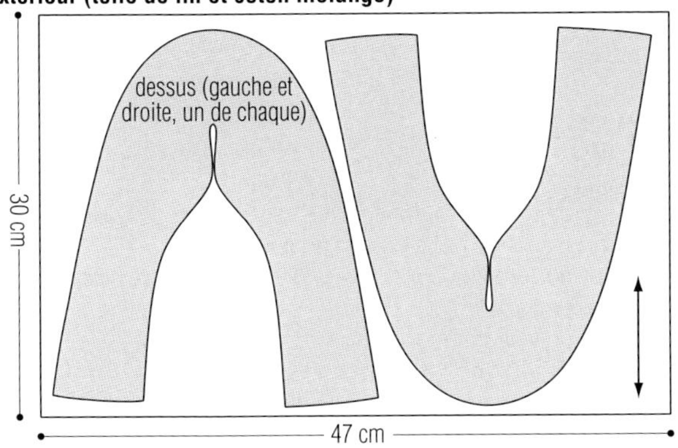

semelle (coton denim souple)
doublure semelle (coton impimé + flanelle)

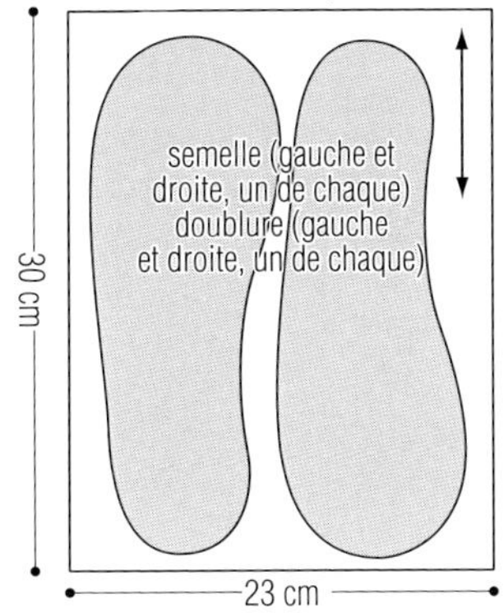

intérieur semelle (feutre)

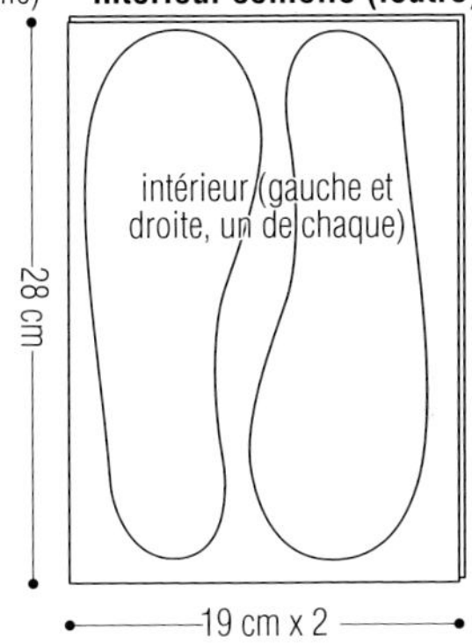

doublure (éponge et flanelle collées)

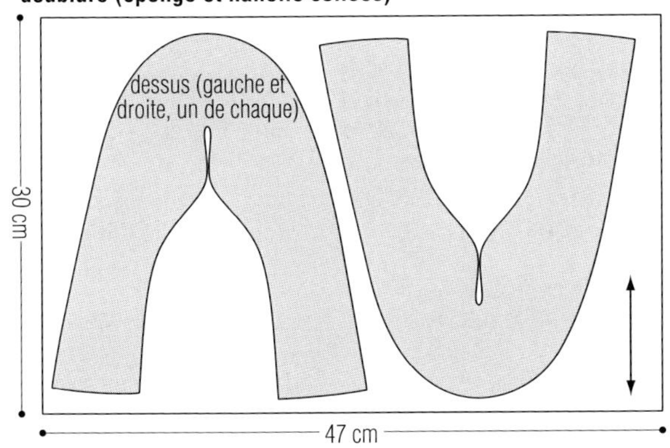

patin antidérapant côté "daim" (pas du côté lisse)

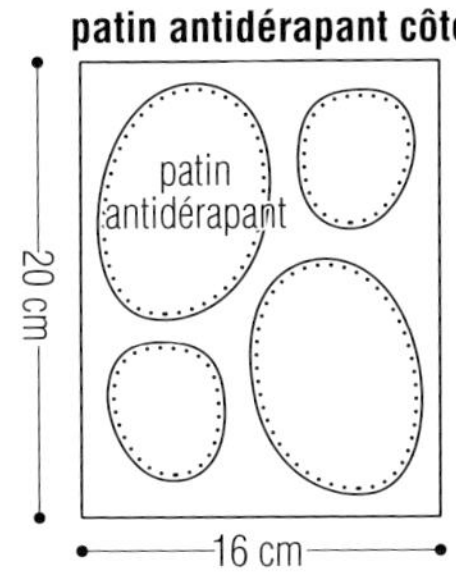

C

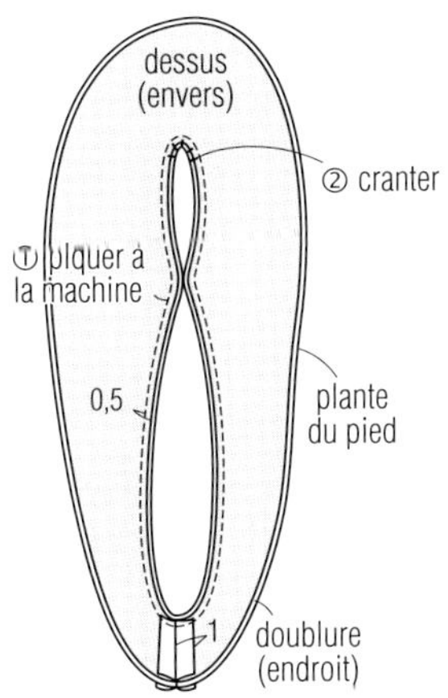

E

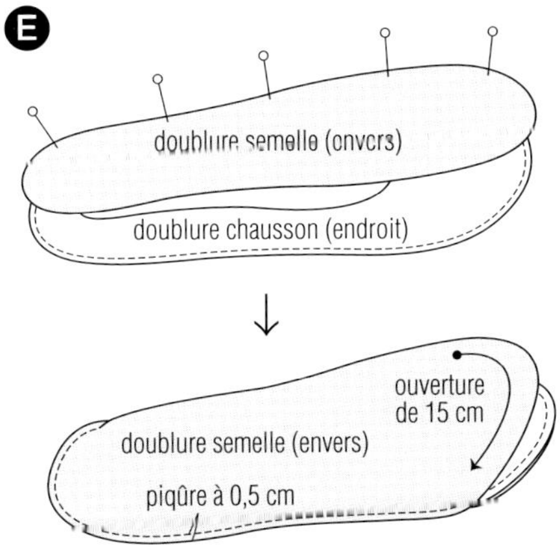

G

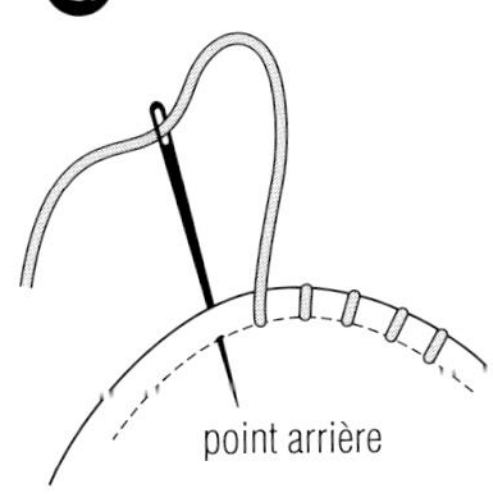

D

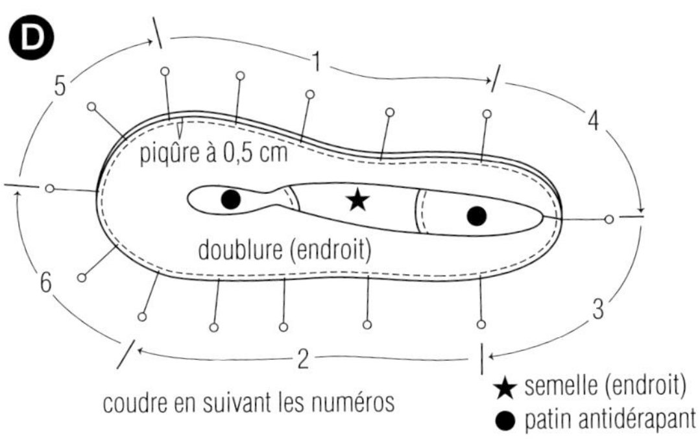

F

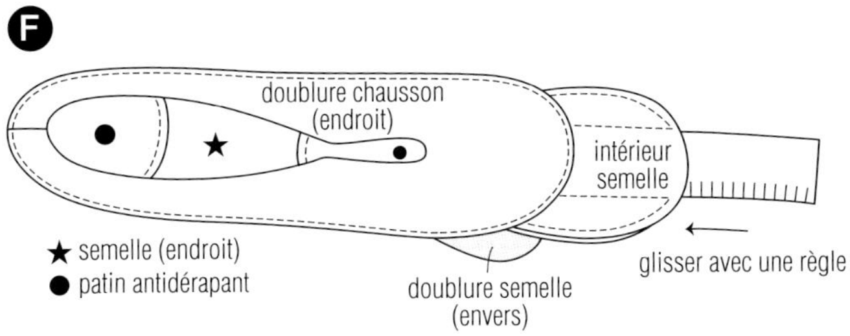

La nuisette

Modèle de la page 30 / tailles M et L / ***Encart (face B 20)***

	M	L
tour de poitrine	93.5	97.5
carrure	33	34
longueur de la nuisette	81.5	83

Plan de coupe

* La marge de couture est de 1 cm si elle n'est pas indiquée.
* Fixer la toile thermocollante sur la partie grisée.

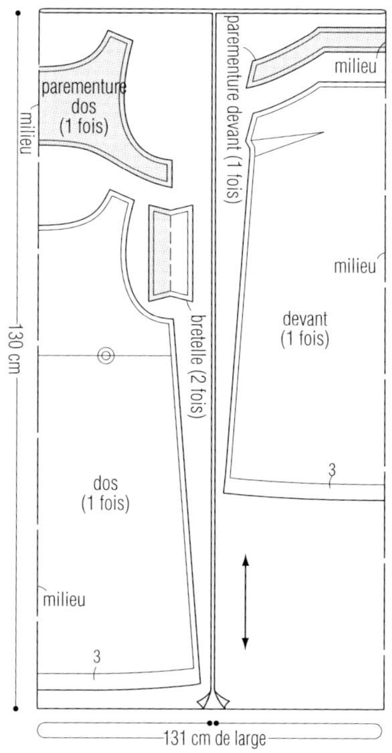

Les pièces du patron

devant, dos, parementure devant, parementure dos, bretelle

Les fournitures

131 x 130 cm de batiste de Lawn
70 x 45 cm de toile thermocollante
fil pour machine à coudre violet N° 60

Divers conseils pour réaliser cette nuisette

➜ Pour le montage des bretelles, voir les explications de la robe d'été (**modèle de la page 11, explications page 46**)

Les étapes de la réalisation

Préparation
*Plier sur 1 cm les bords des parementures devant et dos. Repasser.
1. Confectionner les bretelles **(voir les explications page 46, paragraphe 1)**
2. Piquer les pinces de devant. Rabattre chaque pince vers le haut.
3. Poser, endroit contre endroit, le dos sur la parementure dos. Glisser les bretelles entre les deux épaisseurs de tissu puis piquer. Couper à 0,5 cm de la piqûre **(voir les explications page 46, paragraphe 6).**
4. Assembler le devant, la parementure devant et les bretelles la même manière. Couper à 0,5 cm de la piqûre **(voir les explications page 46, paragraphe 7).**
5. Relever la parementure. Piquer les coutures de côtés (nuisette et parementure alignées) **(explications page 46 paragraphe 8).**
6. Rabattre la parementure sur l'envers de la nuisette. Plier le bord sur 1 cm de bord. Piquer au bord de la pliure.
7. Plier l'ourlet en trois 1 cm / 2 cm et piquer.

La nuisette cache-cœur

Modèle de la page 30 / tailles M et L
Encart (face B 19)

Les pièces du patron

devant haut, devant bas, dos

Les fournitures

120 x 164 cm de batiste de Lawn
0,9 cm x 80 cm ruban thermocollant
fil pour machine à coudre blanc N° 60

Divers conseils pour réaliser cette nuisette

➜ Poser un ruban de biais du même tissu pour le dos de l'encolure et pour l'emmanchure.
➜ Pour les fronces de l'empiècement devant, voir les explications de la robe froncée (**modèle de la page 8, explications page 35**).

Les étapes de la réalisation

1. Poser le biais sur le dos de l'encolure. (A)
2. Plier en trois 1 cm / 1 cm les bords des empiècements devant (côté encolure). Piquer.
3. Piquer les coutures d'épaules en plaçant, endroit contre endroit, le devant sur le dos. Surfiler ensemble les deux coutures. Rabattre sur le dos.
4. Poser le biais sur les emmanchures. (A)
5. Poser les deux pièces des empiècements devant haut en faisant coïncider les repères du milieu. Faufiler le bas. (B)
6. Froncer le bas de chaque empiècement **(voir les explications page 36, paragraphe 3-1).**
7. Placer, endroit contre endroit, le haut sur le bas du devant. Piquer. Surfiler ensemble les deux coutures. Rabattre la couture vers le bas.
8. Piquer les coutures des côtés. Surfiler ensemble les deux coutures. Rabattre les coutures vers le dos.
9. Plier en trois 1 cm / 2 cm l'ourlet et piquer.
10. Surpiquer quelques cm sur les coutures d'épaule et de côté pour les maintenir plaquées. (C)

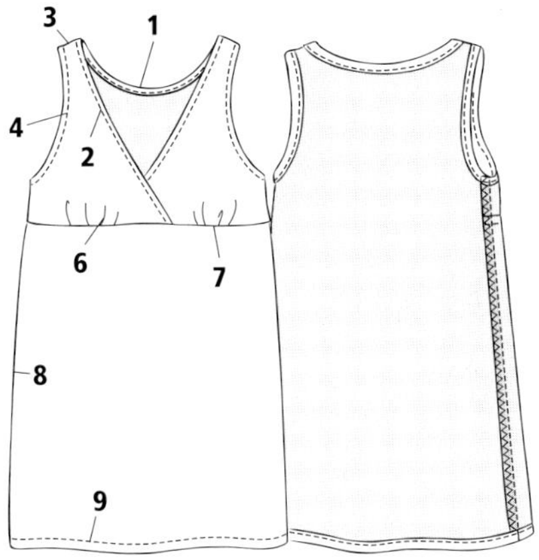

A **pose du biais**

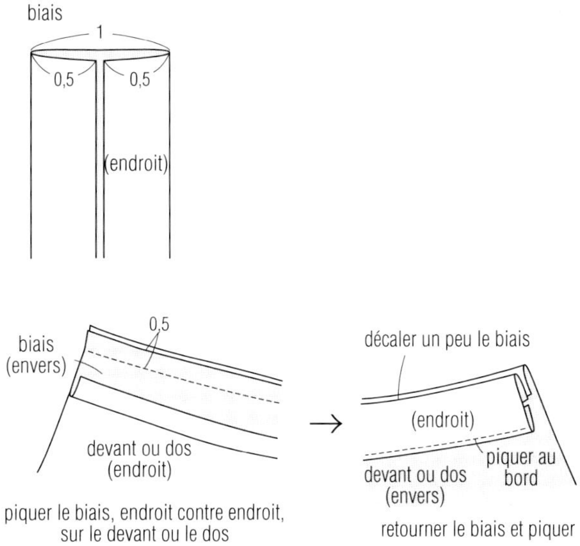

Plan de coupe

* La marge de couture est de 1 cm si elle n'est pas indiquée.
* Faire attention au sens de l' imprimé quand vous posez les pièces du patron.

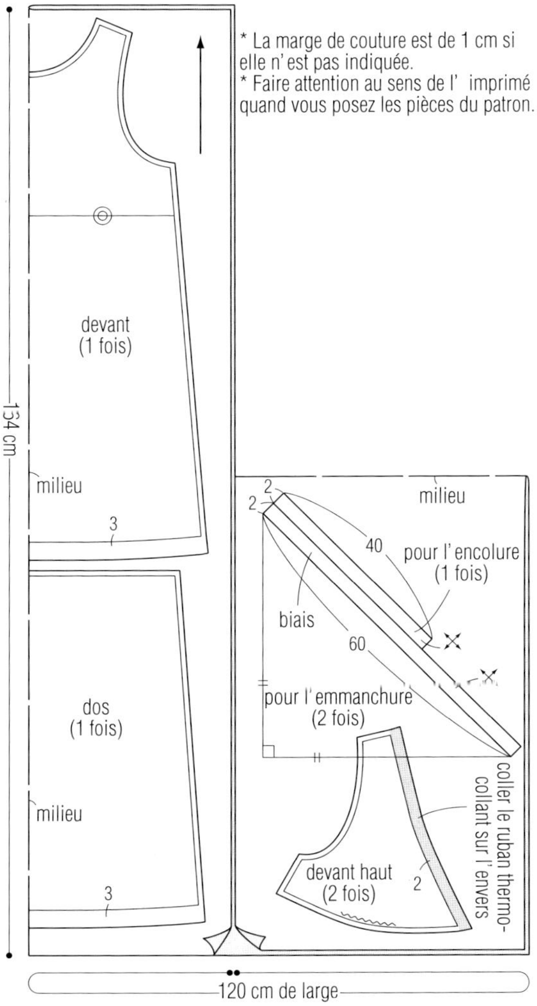

B

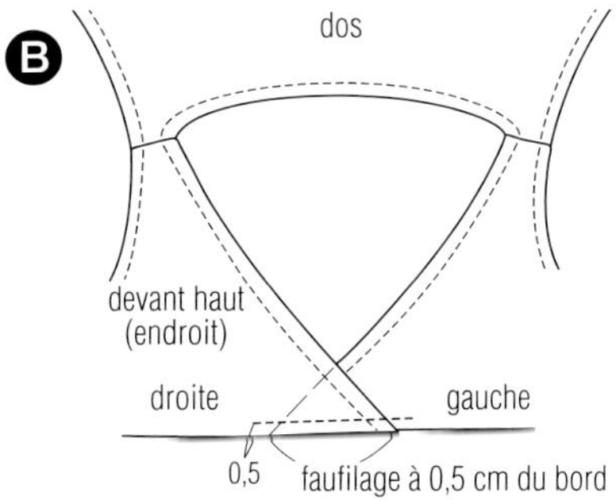

C

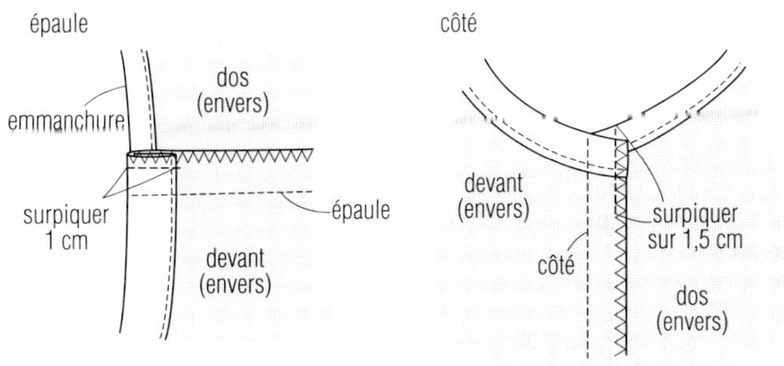

Le pyjama

Modèle de la page 31 / taille unique (M-L) / ***Encart (face B 21)***

Veste	
tour de poitrine	109
carrure	45
longueur de manche	55.5
longueur de veste	64.5

Pantalon	
tour de taille	95.6
tour de bassin	110
longueur de pantalon	99

*La mesure du tour de taille est donnée sans élastique.

Les pièces du patron

devant, dos, col, parementure de col, manche
pantalon devant, pantalon dos

Les fournitures

147 x 300 cm de lin chambray blanc
5 boutons de 1,3 cm de diamètre
90 x 75 cm de toile thermocollante
135 à 150 cm d'élastique (souple) de 0,8 cm de large
fil pour machine à coudre blanc N° 60 blanc

Divers conseils pour réaliser ce pyjama

➜ Pour la confection de la veste, voir les explications **(page 50)** du chemisier blanc **(modèle de la page 15).**
Pour l'ourlet de la veste et des manches, plier en trois 1 cm / 2 cm et piquer.
➜ Pour la confection du pantalon, voir les explications **(page 62)** du pantalon large **(modèle de la page 24)**. Le pantalon n'a pas de poche.
Passer deux élastiques à la taille. **A**
➜ Ajuster la longueur de l'élastique à votre taille (65 cm pour ce modèle).

A

taille du pantalon

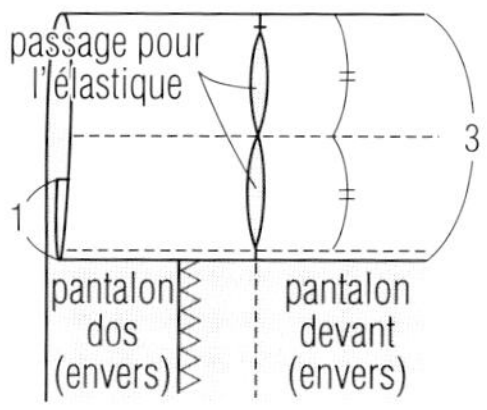

Plan de coupe

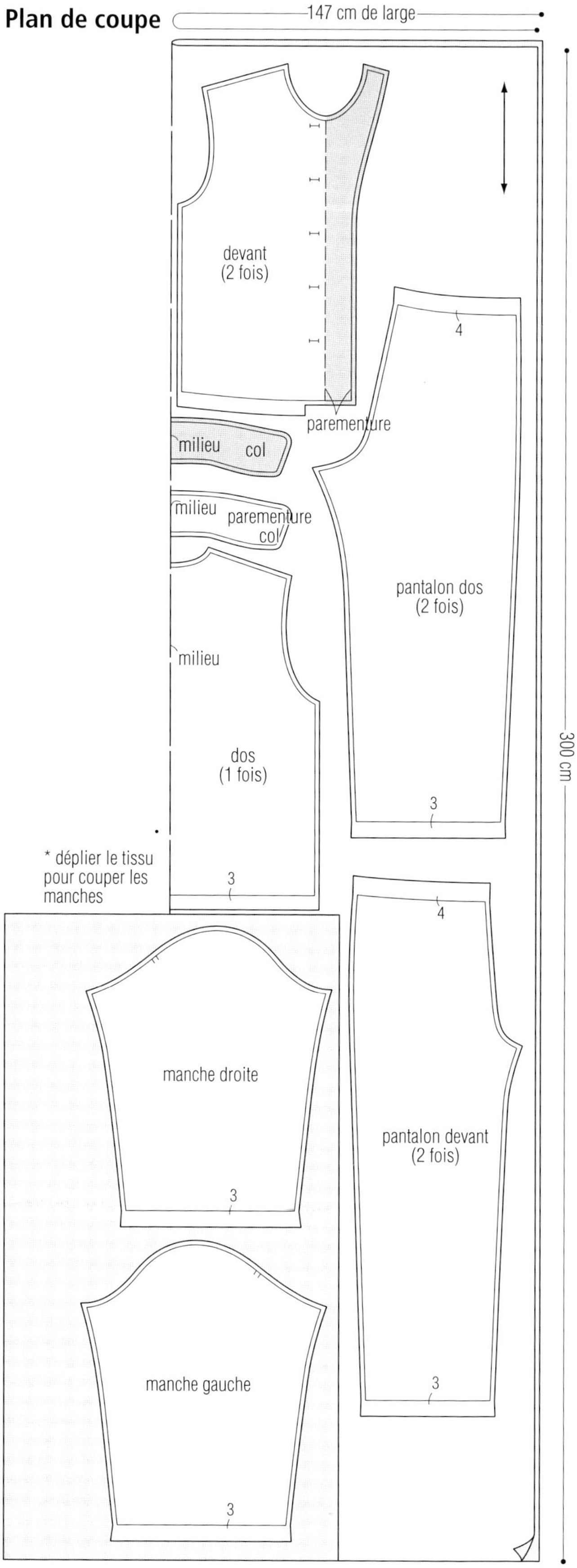

Confection des poches

Poche placée dans une couture

Explications pour le manteau (page 12),la jupe froncée (page 22), le pantalon large (page 24)

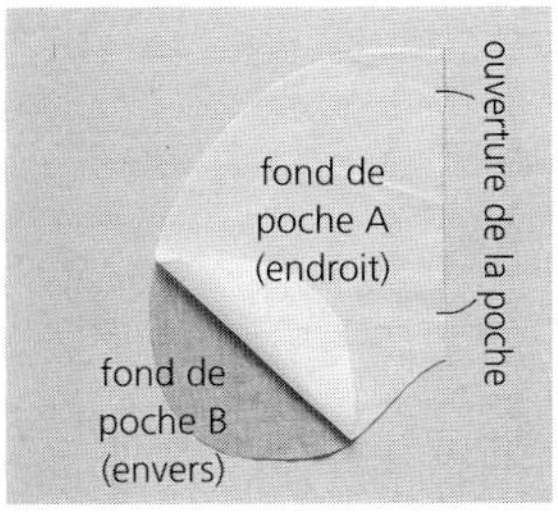

1. Couper les fonds de poche A et B.

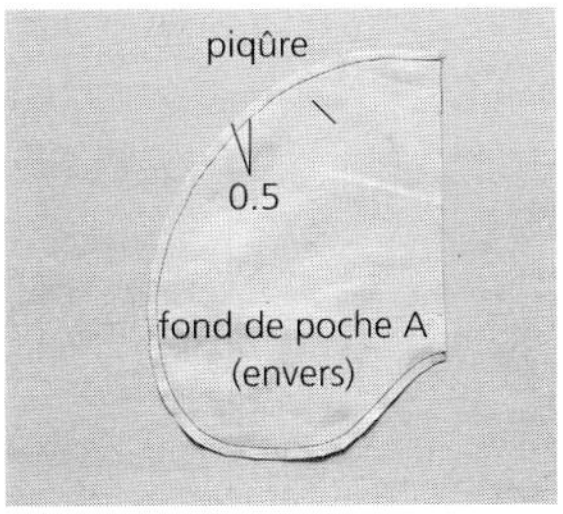

2. Piquer, envers contre envers, le contour des fonds de poche A et B

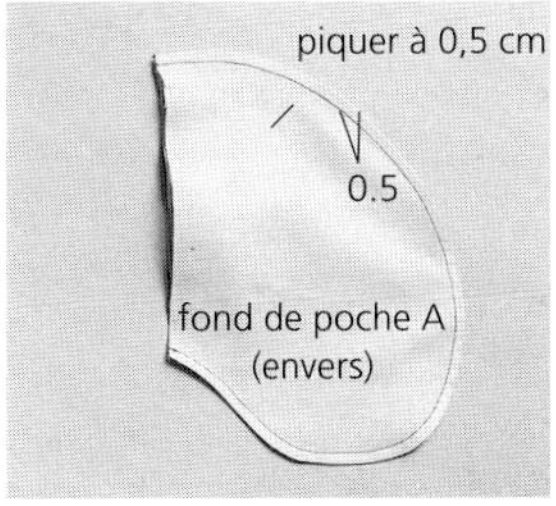

3. Retourner la poche et surpiquer le contour à 5 mm. (double couture)

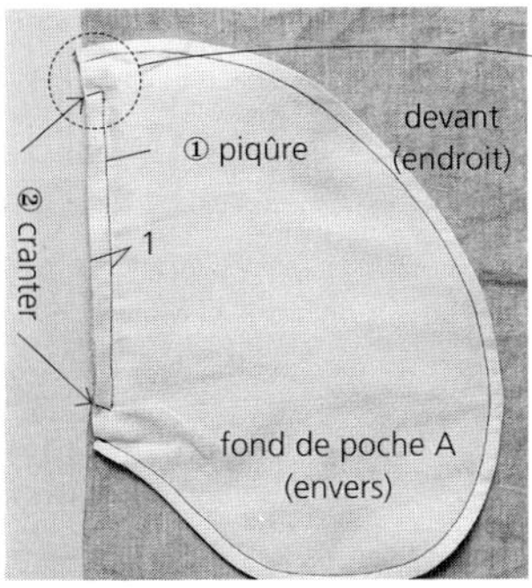

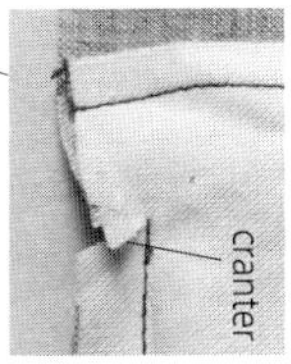

4. Poser la poche sur le devant, piquer ensemble le devant et le fond de poche A en évitant de piquer le fond de poche B. Cranter la couture en biais.

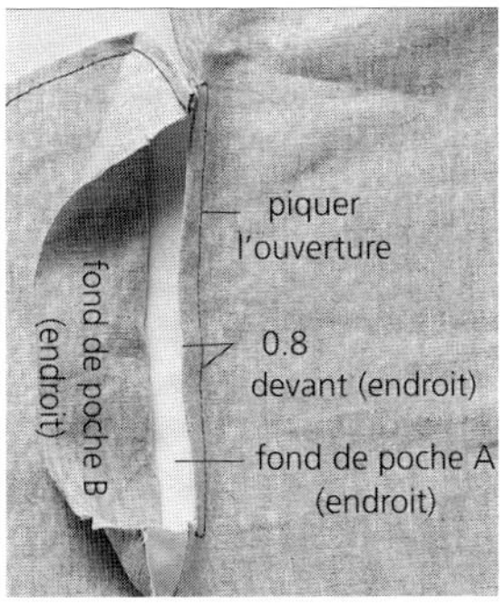

5. Retourner le fond de poche. Décaler le fond de poche A de 1 mm par rapport au devant. Piquer ensemble le contour du devant et du fond de poche A sur trois côtés.

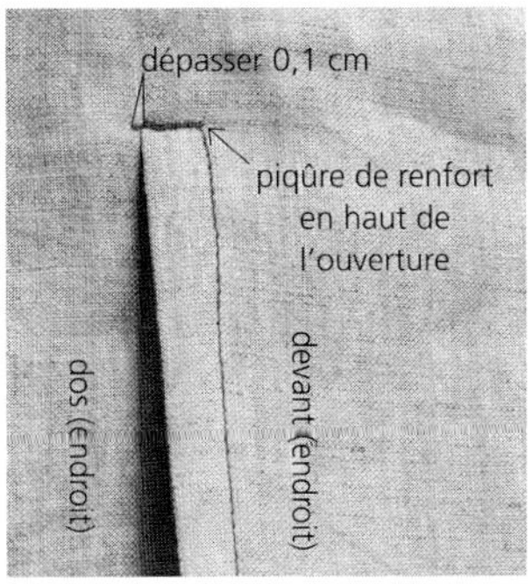

6. Poser, endroit contre endroit, le devant sur le dos. Piquer ensemble le côté et le fond de poche B en évitant de piquer le fond de poche A. Faire une piqûre aux deux extrémités de l'ouverture.

Poche avec empiècement de hanche

Explications pour la salopette (page 24)

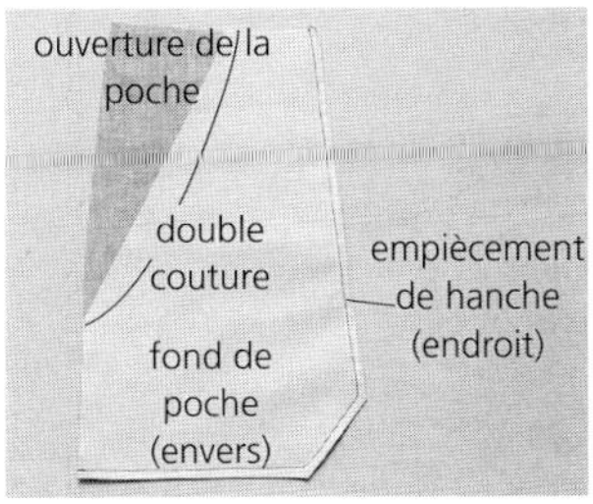

1. Piquer ensemble le contour du fond et de l'empiècement. (voir double couture de la poche ci-dessus)

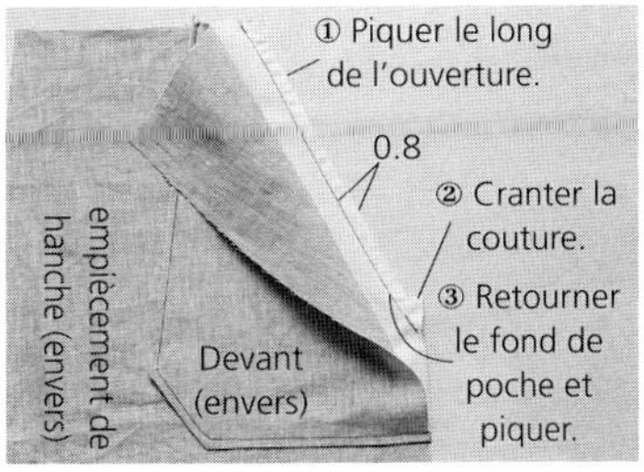

2. Piquer l'ouverture devant (voir les explications de la poche placée dans une couture). Cranter la couture à la base de l'ouverture. Retourner le fond de poche et piquer le contour de l'ouverture.

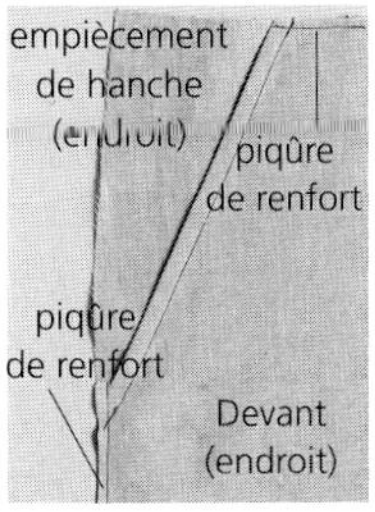

3. Piquer le haut et le côté de l'empiècement pour renforcer. Piquer ensemble l'empiècement et le devant.

Poche passepoilée

Explications pour le gilet (page 15)

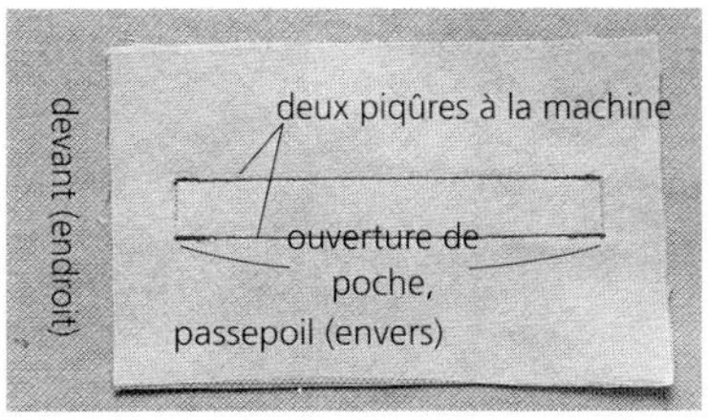

1. Poser le passepoil sur le devant. Piquer au dessus et en dessous de l'ouverture de la poche.

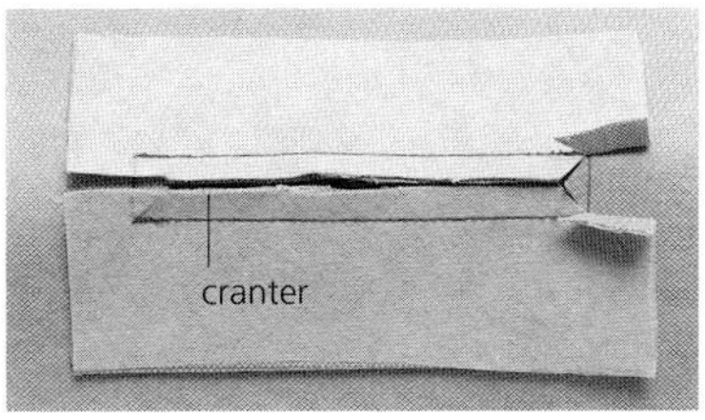

2. Inciser la fente jusqu'à 1 cm de chaque extrémité des piqûres. De ce point, biaiser jusqu'aux extrémités des piqûres (obtention de petits triangles)

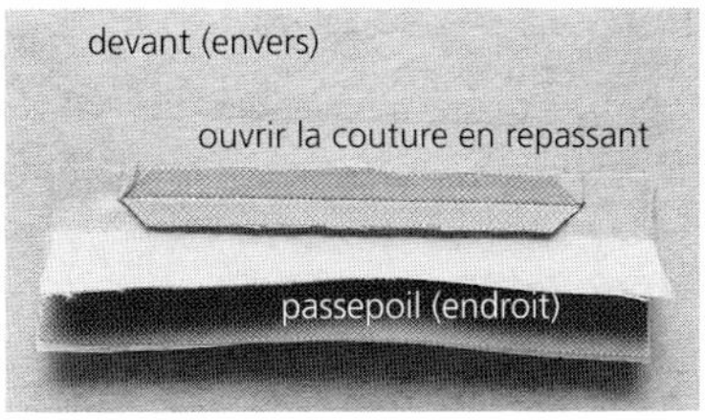

3. Ouvrir les surplus des coutures d'assemblage du devant et du passepoil en les repassant.

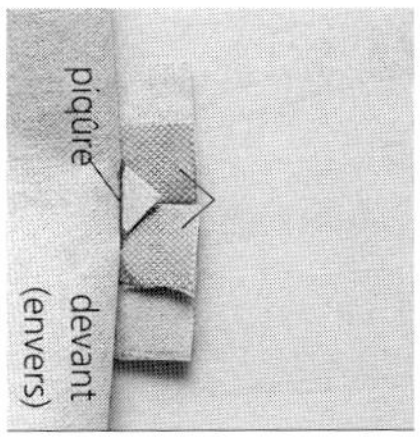

4. Veiller à ce que les deux côtés du passepoil soient de la même largeur. Pour consolider les extrémités de la fente, piquer les petits triangles sur les passepoils.

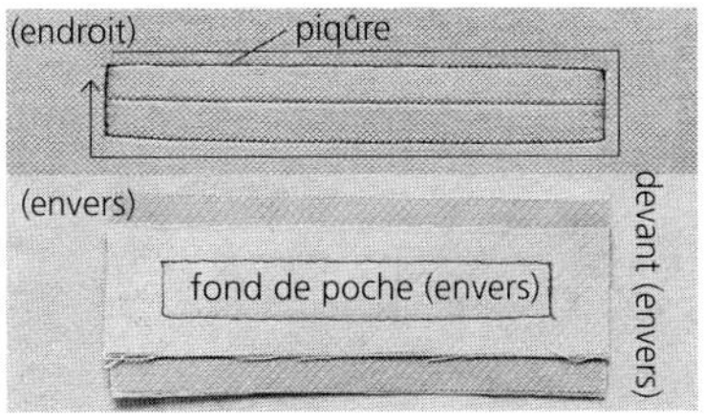

5. Poser le fond de poche sur le dos de l'ouverture et piquer le contour du passepoil sur l'endroit.

Kyoko SAKAUCHI
Après avoir travaillé 7 ans et demi en temps que styliste dans l'industrie de la mode, Kyoko Sakauchi est maintenant styliste-free lance. Actuellement, elle est consultante et directrice de Summieworks qui fabrique, développe et vend des kits de travaux manuels. Elle est active en de nombreux domaines afin de rencontrer et partager sa passion «la joie de créer» avec le maximum de personnes. Ses créations pratiques et pleines de naturel, sont très populaires.

Summieworks
http://www.summieworks.com

LES ÉDITIONS DE SAXE
20, rue Croix-Barret
69358 LYON CEDEX 7

www.edisaxe.com

N° Indigo 0 825 00 42 49
0,150 € TTC / MN

ISBN 978-2-7565-0509-1
Imprimerie Loire Offset Titoulet - France

Traduction : Noriko Thouvenin et Hélenne Perchet
Directrice artistique : Midori YAMAGUCHI
Photographes : Tomoyasu MASUDA (modèles), Narumi SIMOSE (films techniques)
Styliste : Miwako TANAKA
Illustrations : Satomi DAIKURA (Day Studio)

Auteur Kyoko Sakauchi

Publié pour la 1ère fois en 2009 sous le titre
"Linen to Cotton de TukuruFuku"
par NHK Publishing (Japan Broadcast Publishing Co. Ltd.)
41-1, Utagawa-cho, Shibuya-ku, Tokyo150-8081, Japon
www.nhk-book.co.jp